현대 선교신학에서 본
청년과 장병전도

현대 선교신학에서 본

청년과 장병전도

이호열 지음

예솔

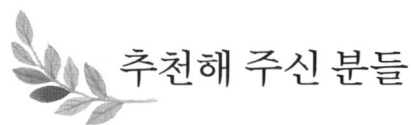
추천해 주신 분들

한국인에게 군대는 젊은이들의 성장 과정에서 필수적인 통과의례이다. 전도적 관점에서 생애 전환기에는 회심을 일으킬 가능성이 높다. 반대로 배교가 일어날 가능성 역시 높다. 군대에서 일어나는 진짜 치열한 전투는 영혼구원의 격전지에서 벌어진다. 그럼에도 그 동안 군 장병들의 영혼구원을 위한 전략은 너무도 재래적이고 안이하지 않았던가? 이 책은 현대 선교와 전도의 신무기들을 장착해서, 군 장병 복음화라는 목표에 어떻게 진격해야 할지를 명료하게 방향 제시한다. 저자의 오랜 군목 경험과 폭넓은 신학적 통찰은 이 책을 장병 전도의 교과서로 자리매김하기에 충분하다. 나는 대한민국의 모든 군종 사역자들 손에 이 책이 쥐어지기를 자신 있게 열망한다.

김선일 교수(웨스터민스터신학대학원)

해외선교는 물론, 학원선교와 군선교에 남다른 노력을 기울여온 한국교회가 2000년대에 들어서면서 침체되기 시작하고 많은 젊은이들이 교회를 떠난 까닭은, 시대와 문화의 변화에 민감한 젊은 청년들을 붙잡을 수 있는 선교전략과 프로그램이 빈약하였기 때문일 것이다.

이 책은 이 땅의 젊은이들을 다시 교회로 끌어들여 한국교회 갱신과 성장의 교두보를 마련하고자 하는 목적을 가지고 있다. 저자는 이 책에서 오랫동안 군 선교현장에서 사역한 풍부한 경험과 미국 풀러신학대학원에서 연구한 선교신학을 접목하여 이 땅의 청년들과 군장병들을 다시 교회로 불러올 수 있는 효과적인 전략과 프로그램들을 제시하고 있다. 청년들과 군장병들 선교에 관심을 가진 신학도들과 목회자들은 물론 선교에 관심을 가진 모든 신자들에게 일독을 적극 권장하고 싶다.

최갑종 박사(백석대 총장)

    요즈음 새롭게 생긴 도로는 보다 안전하고 신속하게 목표에 도달할 수 있게 해준다. 그런가하면 이전의 도로는 보수도 제대로 되어 있지 않고 꼬불꼬불하여 긴 시간이 소비될 뿐만 아니라 때로는 길이 끊겨 있어서 위험하기까지 하다. 여행할 때 새롭고 안전한 도로로 인도해주는 내비게이션을 차에 장착하고 달린다면 금상첨화가 될 것이다.

    이 책은 한 마디로 "청년과 장병전도"에 대한 새로운 전망으로 업데이트 된 내비게이션과 같은 책인 동시에 전략서이다. 지나간 시대의 군선교의 공헌을 충분히 인정하면서도 이제는 새로운 길로 가야 한다는 방향 제시를 신학과 실천 현장을 바탕으로 제시하고 있다는 점에서 그 가치가 매우 높은 책이다.

박성규 목사(부산부전교회)

숲도 보고 나무도 함께 보는 시각을 가진 이들이 생각밖에 드물다. 저자가 교회를 보는 시선은 따뜻하다. 하지만 교회의 현실을 진단하는 시선은 매우 엄중하고 날카롭다. 감사한 것은 그는 비판만이 능사가 아님을 알고, 대안과 치유를 위해 팔을 걷어붙이고 나선 수술 의사의 모습을 보여 주었다는 데에 있다. 교회 선교의 위기가 하나님의 선교 신학 위에서 나온 것이 아니라, 성과지상주의적 교회부흥이란 열망 위에서 나온 것의 병폐임을 지적하며, 이제라도 신자들이 그리스도를 본받게 하는 온전한 회심을 이루게 하는 데에 최고의 가치를 두자고 역설한다. 그를 위해 공동체성 회복을 위한 시스템 확립이 절대 필요하다고 진단하면서, 개선해야 될 구체적 방안들을 풍부하게 담아내었다. 모델은 군에서 상대할 젊은이들을 겨냥한 것들이지만, 그게 어찌 그들만의 것일 수 있으랴. 우리 모두의 선교지침임이 분명하다. 그래서 미래 교회 선교의 활로를 고민하는 모든 분들에게 이 귀한 책을 기꺼이 추천하는 바이다.

최부옥 목사(기독교장로회총회장)

모처럼 군선교의 핵심을 잘 진단한 책이 나왔다. 내용이 좋아서 늦은 밤까지 단숨에 읽었다. 평소 형식과 외형보다 내실을 기하는 데 관심이 많았던 저자의 군선교 실상에 대한 고민, 반성과 성찰이 묻어나는 연구서이다. 사실 적지 않은 그 동안의 성과에도 불구하고 많은 문제가 노정된 군선교 사역에 대해 본질적인 차원의 재정립이 요구되는 이때, 문제의 핵심을 파고

들어 다양한 대안을 제시한 것은 대단히 시의적절한 일이 아닌가 생각된다. 특히 신병교육기관에서 불신장병과의 초기 연결고리를 잘 형성한 이후, 진중교회를 중심으로 한 세례와 실행 가능한 양육 단계와 모델을 새롭게 제시한 것은 충분히 검토할 가치가 있다고 보며, 진중세례자의 자대 정착을 위해 양육공동체를 형성하여 실질적 신앙성장이 가능토록 한 세례자 멘토 제도, 소그룹 구성 등의 제안은 사역현장에서 유용한 도구가 될 것이라 사료된다. 군선교 사역에 헌신하고 있는 모든 분들뿐 아니라 군선교의 중요성에 공감하는 한국교회 성도들에게 일독을 권해드린다.

김창제 목사(군지원성직자, 군사학 교수)

군대는 선교의 황금어장이다. 하지만 그 어장을 알지 못하면 의미 없는 '종교사역병'을 양산하기 십상이다. 따라서 그 어느 분야보다 풍부한 경험이 요구되는 곳이 군대 선교이다. 30년을 군선교에 헌신한 필자의 경험은 그런 의미에서 매우 특별하고 구체적인 가이드라인일 수밖에 없다. 거기다 탄탄한 선교학적 지식을 덧입힘으로 학문적 깊이와 현장의 임상적인 정보가 균형을 이루고 있다. 이 책을 통해 군선교 현장에 새로운 바람이 불 것을 기대한다.

정인교 교수(서울신학대학교 대학원장)

이 책은 필자가 군선교 경험을 신학적으로 성찰하면서 군 장병 전도를 위한 새로운 패러다임을 제시하는 희귀한 군선교신학 저술이다. 의술과 과학의 급속한 발달로 인해 인생을 세속적으로 즐길 수 있는 시기가 늘어나는 만큼 기독교인은 점점 줄어들고 있는 현실 속에서 일선 교회가 어떻게 대비하고 있는지에 대한 질문서이며 동시에 응답서라고 할 수 있다. 필자는 장병 선교야 말로 이를 대비할 가장 효과적인 선교의 장임을 역설한다. 군선교의 주체인 군목단과 군선교연합회의 혁신을 포함하여 장병 각자의 회심을 위한 새로운 교육과정들을 과감하게 제시하고 있다. 이 책은 필자의 오랜 군목생활을 통해 얻은 단순한 신학비평을 넘어 그 대안서로서, 군목과 군목지망생뿐만이 아니라 미래를 대비할 일선교회 목회자들이 꼭 정독해야 할 실천적인 선교신학서적이다.

이정구 신부(성공회대학교 총장)

보통 청년사역이나 전도에 관한 책들이 교회성장의 관심에서 나온 것과 달리 이 책은 교회가 아닌 군 선교의 현장에서 만난 청년들에 대한 저자의 인간적 공감과 영적 관심에서 쓰인 것이기에 새로운 관점과 영감을 주고 있다. 지금껏 군선교의 현장은 20대의 청년들이 반드시 거쳐 가야 하는 특수성 때문에 '황금어장'이라고 불렸고, 더 나아가 그물만 던지면 잡힌다는 '가두리 양식장'이라고 하며 주어진 조건을 충분히 활용하면 저절로 전도가 되는 것으로 치부되어 왔다. 그러나 작금의 청년들은 이전 세대와는 전혀 다른 사회적, 문화적 감수성과 개인적 성향 및 마음자세를 가지고 있다. 따라서 획일화되고 규범적인 전도 방식으로는 그들의 마음을 얻기 어렵다.

저자는 2,000년 교회사의 전도의 역사와 군선교의 발자취를 차분하게 분석하고 점검하면서도 새 시대의 청년들의 전도의 큰 방향을 적극적으로 제언한다. 전도의 대상에 대한 전인적 이해를 통한 소통을 중시하며, 기법이 아니라 공감을 전도의 방법으로 제시하는 말 그대로 신(新)전도의 길을 열어준다. 이 책이 한국교회의 청년사역의 노른자위인 군선교의 현장에서 수많은 '뜻밖의 회심'의 열매를 거두어 들이는 데 좋은 거름이 될 줄 믿는다.

강성영 교수(전한신대 신학대학원장)

"그러므로 나는 달음질하기를 향방 없는 것같이 아니하고 싸우기를 허공을 치는 것같이 아니하며"라는 사도 바울의 고백(고전 9:26)처럼 저자는 '속도나 거리보다는 방향'이라는 화두로 시작하고 있다. 이 말은 한국교회가 급성장 속에서 방향을 잃어버렸다는 일침이다. 1960년대 이후 눈부신 성장을 이룬 한국교회는 세계에서 가장 큰 메가 처치(Mega Church) 10개 가운데 5개를 차지하고 있으며 세계 2위의 해외 선교사 파송국이 되었다. 그러나 20세기말부터 계속된 성장둔화와 하향세에서 저자는 현재 한국교회의 문제를 심층적으로 들여다보고 교회의 생동력이 멈춰있다고 진단을 내리면서 다층적인 접근을 통하여 선교의 본질을 숙고하고 전도의 새로운 패러다임을 제시하고 있다.

저자는 한국군종목사단장을 역임하고 현재 국방부군종정책과장으로서 30년 가까이 군청년 선교를 감당하여 목회적, 선교적 통찰력을 갖추었고 한신대학교와 미국 풀러신학대학원에서 수학하여 선교신학적인 안목도 깊다. 오랜 군사역의 동역자로서 한국교회가 저자의 혜안과 통찰에 귀 기울여서 새로운 부흥의 시대를 맞이하게 되기를 간절한 마음으로 추천하는 바이다.

김영철 목사(기성교단교회진흥원장)

잘 다듬어진 신학적 관점은 방향성과 목표를 유지하게 한다. 관점이 올바르면 시간은 걸리고 우여곡절은 있다 하더라도 길을 잃지 않고 목적지에 도달할 수 있다. 저자는 오랫동안 군선교 현장을 지켜온 군목이며 선교사이다. 이 책은 논리와 설득력을 갖춘 지성과, 현장을 몸으로 직접 체험한 선교전문가가 현실을 학문적으로 진단하는 내용들로서 우리가 당연하다고 생각한 것들이 그렇지 않다는 것과 새로운 패러다임으로 군선교를 진지하게 고민하도록 만들어 주는 명저가 아닐 수 없다. 아무쪼록 이론과 실제가 겸비된 저자의 책을 통해 군선교의 패러다임이 근본적으로 바뀌는 변화가 있기를 소원한다.

윤병국 목사(군선교미래네트워크사무총장)

머리말

"존스홉킨스 대학교의 연구에 의하면 매년 미국에서 4만 500명의 환자가 오진으로 중환자실에서 죽는다"고 한다.[1] 진단이나 치료를 받기 위해서 병원을 찾아간 사람 중 적지 않은 사람들이 그들의 기대와는 정반대의 결과를 맞는다는 얘기다. 의사의 부주의와 전문성 부족, 생명을 가볍게 여기는 태도와 맞닥뜨린다면, 고통 속에서 생사를 넘나드는 환자들에게 최악이 될 것이다. 또한 병원시설이 오염되어 있을 경우에도 그렇다. 병원은 치료를 위해 존재하지만 병원에 간다는 사실만으로 그 혜택을 누릴 수 없다는 사실은 교회에도 그대로 적용될 수 있지 않을까? 곧, 단지 교회가 존재한다는 사실만으로, 또 교회에 가본다는 사실만으로 구원을 보장할 수 있느냐는 것이다. 서투르고 이기적이거나 사상적으로 오염된 목회자는 악몽과도 같은 존재가 될 수 있다.

또한 "전문가들은 2025년경이면 인간 신체의 78개 이상의 장기 프린트가 가능해질 것으로 내다본다"[2]고 한다. 곧 암과 같은 치명적 질병에 걸린 장기를 이식하여 수명이 100세에서 130세까지 연장되는 획기적인 의학혁명의 시대가 도래할 것이라는 얘기다. 벌써부

---

[1] 박영숙, 제롬 글렌, 『유엔미래보고서(State of the Future)』, (서울: 교보문고, 2015), 68.
[2] Ibid., 72

터 이러한 시대가 되면 종교에 대한 관심은 현저하게 쇠퇴하고 희미해질 것이라는 전망이 나온다. 그렇다면 가난과 고통 속에서 희망과 축복의 메시지를 제공하면서 성장해온 한국교회는 이러한 도전을 어떻게 받아들이고 준비하고 있는가? 교회는 진정 인간 존재와 삶에 대한 유의미한 통전적 전망이나 희망을 담고 있는가?

오늘날 한국교회는 앞만 보고 달려오며 이루어낸 급속도의 성장세 속에서 그 방향과 생명력을 잃어버리고 있다. 한국교회가 앞으로 어떻게 되어갈지, 좀처럼 그 미래상을 낙관할 수 없다는 것이 신자들이나 불신자들에게 공통적인 생각이 되고 있다. 그만큼 한국교회는 현재를 이끌고 미래를 선도하기는커녕 점점 모두에게 걱정거리가 되고 있으며 장래가 불투명한 존재로 각인되고 있는 것이다.

한국교회에 철저한 자기반성과 개혁이 필요한 때라고 이구동성으로 입을 모으지만 막상 교회의 지도자들은 이런 일들을 강 건너 불구경하듯 하고 있으며 당장 각자의 교단이나 교회에 불이 떨어지지 않은 것을 그나마 다행스럽게 여기고 속수무책인 상태에서 허송세월하고 있는 것이 현실이다. 다윗은 하나님 앞에 죄를 지은 자였지만 통렬한 자기 회개로 인해 새롭게 쓰임 받을 수가 있었다. 그러나 지금 한국교회에서는 그런 노력도 찾아보기가 힘들다. 상황이 이렇다보니 "한국교회에는 지도자도, 책임지는 사람도, 비전도 없다"는 자괴감 섞인 한탄의 목소리가 흘러나오고 있는 실정이다.

필자는 정치계에 몸담고 있는 분의 경험담을 들은 적이 있다. 그분의 말에 의하면 정치계에서 제일 상대하기 어려운 종교단체는 바로 기독교라는 것이었다. 천주교나 불교의 경우, 만나서 협의 과정을 거치고 결정을 한 사항은 어렵지 않게 그대로 추진되지만 기독교는 그렇지가 않더라는 것이다. 우선 어디가 기독교를 대표하는 기관인지부터가 알 수가 없고 겨우 대표성을 가졌다고 여겨지는 단체와 협의를 해놓으면 다른 기독교 교단이나 단체에서 정반대의 데모와 항의가 나타나는 것이 일상적인 일이라는 것이었다. 그렇다보니 너나 할 것 없이 은연중에 기독교 단체와 대화하고 협상하는 것을 꺼리는 분위기가 국회와 정계에 형성되어 있다는 얘기였다. 이는 기독교의 분열상과 문제에 대한 대처 방식의 현 실태를 극명하게 보여주는 씁쓸한 이야기가 아닐 수가 없다.

이런 가운데 한국의 기독교인 숫자가 수십 년이 지나지 않아서 반 토막이 날 것이라는 예측도 나오고 있다. 현재 800만 명대의 신자가 400만 명으로 줄 것이라는, 듣기만 해도 가슴이 섬뜩한 전망들을 들으면서도 수수방관하고 아직도 분열상을 거듭하며 손을 놓고 있는 것이 한국교회의 현주소이다. 그런 가운데 교회의 미래라고 할 수 있는 청소년 전도는 갈수록 퇴보를 거듭하여 주일학교, 청년부가 문을 닫고 있는 교회가 속출하고 있다. 청소년 전도의 현실이 이런 모습일진대 한국교회의 장래는 생각할수록 암울하기만 하다.

한때 1907년 평양 대부흥운동을 거론하면서 종교 지도자들이 이 부흥을 다시 이루기 위해 하나님 앞에 회개하자고 촉구하며 일련의 기도회를 연 적이 있었다. 그러나 필자는 그들이 과연 제대로 된 신학적 의식과 신앙적 판단을 가지고 있는지에 대해 회의감이 들 수밖에 없었다. 회개란 하나님 앞에 자신의 잘못을 인정하고 용서를 비는 무조건적인 행위이다. 회개를 전제로 하나님께 무엇을 해달라고 요청하는 것은 일종의 타협이지 회개가 아니다. 회개조차도 교회 성장의 도구요 전제로 여기는 풍조 속에서 과연 한국 교회는 제대로 된 개혁을 이루어낼 수가 있을지가 의심스럽기만 하다. 교회가 교만했던 과거를 진심으로 뉘우치고 온전히 하나님의 뜻을 찾고 행하려는 자세에서만 새로운 출발을 기대할 수가 있다.

그러나 인간의 완악함과 어리석음에 관계없이 하나님은 언제나 우리와 함께 하시고 새로운 희망의 길을 열어주신다. 하나님은 아무런 능력이 없는 히브리 노예들을 구원하시고 그들과 함께 가서서 마른 광야에 길을 내시고 굳은 땅에서 샘물을 솟게 하신 분이다. 선교는 이 땅에서 자유와 정의를 구현하시고자 하시는 하나님께 속한 일이다. 현실이 어렵고 상황에 대한 실망이 커질 때일수록 선교가 사람의 일이 아니라 하나님의 일임을 알고 본질로 돌아가야 한다. 선교란 곧 하나님의 일을 이 땅에서 하는 것이며 본래적으로 하나님께 속한 것이다.

본서는 필자가 30년 가까이 청년 장병 선교를 감당하면서 현장에서 겪은 일들을 현대 신학적 성찰로 조명한 것이다. 필자가 특별히 뼈저리게 느낀 바는 어떠한 선교라 하더라도 신학적 토대가 부족한 상태에서 추진하다보면 장기적인 면에서는 오히려 큰 낭비요 손실이 될 수 있다는 것이다. 곧 무조건적인 열심이 오히려 선교를 그르칠 수도 있다는 깨달음이다. 그동안 한국교회에, 그리고 군선교의 현장에서 많은 노력들이 있었지만 돌이켜보면 그것이 인간적인 욕심에 지나지 않는 경우도 많았다. 필자가 깨달은 바는 곧 하나님의 일은 어디까지나 하나님의 마음을 가지고 하나님의 방법으로 임해야 한다는 것이다.

다시 말하면 선교란 그리스도를 본받는 과정에 지나지 않으며 그럼으로써만 가능하다는 것을 염두에 두어야 할 것이다. 선교에 나서고자 하는 사람이라면 누구든지 사도 바울의 말을 깊이 생각해야만 한다. "너희는 그 은혜에 의하여 믿음으로 말미암아 구원을 받았으니 이것은 너희에게서 난 것이 아니요 하나님의 선물이라 행위에서 난 것이 아니니 이는 누구든지 자랑하지 못하게 함이라"(에베소서 1장 8~9절) 그러나 지금 어느 누구가 선교를 인간의 일이나 자랑거리로 만들려고 하는가?

필자는 이러한 간절한 마음을 담아 이 책을 썼다. 부족한 점이 많지만, 바라기는 이 책이 청년선교의 중요성을 생각하는 모든 분들, 군인교회를 섬기고 있는 교역자들, 평신도 리더들과 장차 군선교를 꿈꾸고 있는 분들 그리고 기존의 군선교 신학과 방법의 한계를 절감하면서 장병 전도의 새로운 길을 모색하고 있는 분들에게 영감과 도전의식, 희망을 불러일으킬 수 있게 되기를 기대한다.

마지막으로, 이 책은 특별히 웨스트민스터 신학대학원의 김선일 교수께 많은 빚을 지고 있음을 밝혀둔다.

이 호 열

해외문화선교의 모습

한국교회는 세계 제2위의 해외 선교사 파송국이라는 자부심에 들떠있지만 지금처럼 청년신자의 감소세가 지속된다면 선교의 동력 상실은 물론 교회 자체의 존립도 위험하다는 전망이 나오고 있다.

차례

추천해 주신 분들 5
머리말 12

1장 불신의 늪에 빠진 교회
1. 전도 현장의 모습 25
2. 위기의 시작 - 선교를 오해하다 27
3. 포스트 모더니즘의 시대 31
4. 성장제일주의의 폐해 36

2장 역사 속에서 길을 찾다
1. 선교와 전도 49
2. 복음의 해석자요 실험실인 교회 공동체 52
3. 공동체를 해치는 샤머니즘과 기복주의 56

3장 각 시대의 전도
1. 초대교회 - 회심에 집중하다 65
2. 크리스텐덤 - 주류 기독교시대의 빛과 어둠 69
3. 종교개혁시대 - 오직 믿음으로! 72
4. 청교도 - 신앙과 삶을 조화시킨 실천가들 75
5. 요한 웨슬리 - '진정한 교회'를 꿈꾼 혁신가 78
6. 현대 - 대중적인 부흥사역과 교회 성장운동 80

4장 전도의 제 요소
1. 전도의 주체 - 개인과 공동체 87
2. 전도의 내용 - 복음과 교회의 가치 90

3. 전도의 대상 - 분석과 소통   93
4. 전도의 방법 - 기법이 아닌 공감   96

5장 군선교의 역사

1. 전군 신자화 운동   105
2. 비전 2020실천운동   109
   A. 개요와 특징   109
   B. 운동의 추이와 결과   111
   C. 평가   114
      (1) 신학적 약점 115   (2) 논리의 취약성 117
      (3) 세례의 의미 약화 119   (4) 불완전한 양육 이해 125
      (5) 연결 및 정착의 미흡 126

6장 군선교의 신학적 성찰

1. 장병전도의 특징   131
2. 사회문화적 상황   133
3. 장병 전도의 현실   136
4. 신자화 단계 모델   139
   A. 예비신자로서의 입교   140
   B. 회심을 위한 신앙교육   142
   C. 성화의 출발로서의 세례   146
   D. 제자화에 목표를 둔 공동 양육   148
   E. 회심에 대한 또 다른 이해   150
      (1) 멘토링 152   (2) 소그룹 만들기 154
      (3) 공동체 제공하기 159
   F. 소속과 정착을 위한 방법   161

7장 청년장병 양육 패러다임

1. 환대 Welcome   173
2. 각성시키기 Awakening   175
3. 예수 알아가기 Knowing Jesus   184
4. 습관들이기 Training   186
5. 소속시키기 Attachment   188

8장 고려해야 할 예전 및 문화적 요소들

1. 예전   194
2. 성만찬   202
3. 예배음악   205
4. 군인교회 디자인과 공간배치   208
5. 친교   212
6. 문화적 요소와 장치   215

9장 전망과 과제

1. 초점 옮기기   224
2. 전도의 열쇠   225
    A. 공동체전도   226
    B. 생활전도   228
    C. 문화전도   230
    D. 영성전도   234
3. 청년 전도의 새 희망   242

마치면서 246
참고문헌 251

제1장

불신의 늪에 빠진 교회

　한국교회의 부흥은 세계 기독교 선교 역사에 있어서 연구 대상이 될 정도로 눈부셨다고 평가된다. 한국교회의 성장은 경이적이었고 세계의 교회들이 모델로 삼고자 하였으며 학자들의 관심과 주목을 받았다. 그러나 오늘날 기독교인의 숫자는 감소하고 한국교회는 정체 현상에서 벗어나지 못하고 있다. 더욱이 문제의 심층을 들여다보면 더욱 심각한 면이 보인다. 그것은 이러한 현상이 단지 일시적인 숫자의 감소에 그치는 것이 아니라 교회의 생동력이 쇠퇴하고 있는 병적 조짐이 뚜렷하다는 것에 그 근본적 문제가 있다는 것이다.

　그렇다면 한국교회는 이에 대해서 어떠한 처방을 내놓고 있는가? 점점 증폭되는 위기의식에 맞추어서 한국교회는 이탈하는 교인들을 붙잡고 지속적으로 성장 엔진을 가동시킬 수 있는 방법에 더욱 몰두하고 있는 양상이다. 그러나 이러한 접근 방법은 위기를 더욱 가속화시킬 뿐 결코 해결의 방법이 될 수가 없다. 왜냐하면 이러한 위기는 한국교회가 불신자들을 교회로 끌어들이는 매력을 상실했기 때문에 생긴 것이고, 그 이유는 교회의 자기 정체성 상실과 더불어 선교에 대한 심각한 오해에서 비롯된 측면이 강하기 때문이다. 곧, 현재의 상황은 교회와 선교의 본질이 무엇이냐에 대한 철저한 성찰

및 반성을 요구하고 있는 것이다.

> 한국교회의 위기는 교회가 매력을 상실했기 때문이며 이는 교회의 존재 방식과 선교에 대해 깊은 반성과 통찰을 요구한다.

선교를 어떻게 이해하느냐에 따라 선교의 행동양식, 곧 방식이 달라질 수 있으므로 이 문제는 매우 진지하게 검토되어야 마땅하다고 본다. 한때 유행하였던 경영혁신 신사고 이론 중에 '황포돛대론' 이란 것이 있다. 그것은 "방향을 알지 못한다면 노를 저어서는 안 된다"는 것이다. 그런데도 불구하고 요즈음 교계를 지배하는 분위기는 "열심히 행동해야 한다"는 것이다. 어려울수록 더욱 열심히 전도해야 하고 심방해야 하고 성경공부를 시켜야 한다는 주장이 그것이다. 물론 이 말이 전혀 틀린 말은 아닐 것이다. 그리스도인이라면 교회를 섬기는 일에 있어서나, 특히 전도에 있어서는 너나 할 것 없이 그것을 하나님이 나를 부르신 이유, 곧 사명으로 인식해야만 한다. 그러나 이렇게 무작정 열심을 강조하는 방식은 결과적으로 매우 미미한 효과만 가져올 뿐이고 어떤 경우에는 더 나쁜 결과를 낳을 수도 있다는 것을 생각해볼 필요가 있다.

만일 누군가의 몸에 병이 났는데 회복하기 위해 자가진단 방식을 적용해서 더 열심히 운동하고 영양식을 공급하고 비타민제를 챙겨 먹는 것이 상식적이라 해서 따른다면 모든 문제가 사라지겠는가? 오히려 심층적인 진단을 통해 분석해본다면 당분간 운동을 줄이거나 비타민제를 먹지 말라는 처방이 나올 수도 있을 것이다. 이런 견지에서 볼 때 지금은 무작정 행동을 해야 할 때가 아니라 위기의 원인으로서 선교에 대한 본질을 숙고해야 할 때인 것이다.

1. 전도 현장의 모습

한때 한국교회의 미래라고 여겨졌던 학원선교나 군선교의 현장에도 대동소이한 문제가 발생하고 있는데 요즈음 학원선교는 거의 개점 휴업상태를 면치 못하고 있다. 대학가에서 생동감 있는 전도운동을 주도하였던 C.C.C^{Campus Crusade for Christ}나 I.V.F^{Inter-Varsity Christian Fellowship} 같은 선교단체는 기독교에 대한 이미지 하락과 무관심, 과거보다 심해진 반대 등에 가로막혀 전도활동에 고전하고 있고 대학생들의 기독교 신자 비율은 가파른 하강곡선을 그리고 있다. 2015년 갤럽연구소에서 펴낸 자료에 의하면 10대 청소년의 개신교인 신자 비율은 15%, 20대는 17%로서, 30년 전인 1984년에 비해 각각 6%와 7%가 감소하였다.[3]

군에서도 기독교 신자 비율은 점차 떨어지고 있는 추세이다. 외형적으로 볼 때 아직도 세례를 받는 청년장병들이나 예배 출석자의 수가 어느 정도의 수준을 유지하고 있긴 하지만 전도의 질적인 면에

---

[3] 한국갤럽조사연구소, 한국인의 종교 2015년판(The Religion of Koreans 1984~2014)

서 보면 매우 우려스러운 실정이며 신자의 민간교회 정착율은 절대적으로 미흡한 편이다. 이에 따라 혹자들은 군선교가 소모적이며 노력에 비하여 열매는 없는 속빈 강정이 아니냐는 의구심을 갖고 있다.

그러나 많은 문제점에도 불구하고 군선교는 한국교회에 있어서 미래를 개척할 수 있는 가능성의 장이다. 군선교에서처럼 단기간에 다수의 청년들에게 전도하고 교회에 등록시킬 수 있는 곳은 한국사회의 그 어디에도 찾아볼 수가 없다. 한국교회는 군선교의 장을 포기해서도 안 되고 더욱이 지금까지의 방식을 그대로 답습해서도 안 된다.

지금은 청년선교에 대한 보다 다양한 시각과 접근 방법이 모색되어야 할 시점이기도 하다. 지금까지의 청년선교는 대학가를 중심으로 한 문서전도나 동아리 활동 등을 중심으로 이루어졌고, 군선교는 훈련소나 신교대에서 신자들을 끌어들이는 선전형, 유인형의 전도가 주를 이루는 선교였다고 보겠다. 그러나 앞으로의 청년선교에서는 학원뿐만 아니라 청년들이 분포하고 있는 다양한 지역사회, 직장 근로자를 비롯한 각종 직업군과 군장병까지 망라할 수 있는 새로운 선교 패러다임이 제시되어야 한다. 이를테면 선전, 유인형의 전도방식보다는 참여형, 섬김형의 전도로 방향을 전환해야 한다. 또한 각 선교현장에서 청년의식 및 생활패턴, 욕구 등에 대한 보다 세밀한 연구를 통하여 전체 및 유형군별로 데이터베이스를 축적하고 청년들이 긴밀히 접촉하고 머무는 매스 미디어, 여가활동, 스포츠 등의 청년 문화 전 영역에서 그들과 만날 수 있도록 전체 교회의 역량을 결집하고 협업하는 노력이 필요하다.

2. 위기의 시작 - 선교를 오해하다

몇 년 전, 한국 기독교 인구가 861만 6천명이라는 통계가 나왔다.[4] 이는 10년 전의 조사결과인 876만 명보다 1.6% 줄어든 숫자이다. 설마 했던 기독교의 마이너스 성장에 대한 명백하고도 구체적인 자료가 제시되고 나자 한국교회는 술렁거렸다. 위기의식이 한국교회에 팽배해진 상태에서 다시 10년이 지난 시점이 오늘이다. 그러나 한국교회는 그동안 제대로 된 선교정책은커녕 솔직한 신학적 반성에도 인색한 모습을 보여 왔다. 천주교는 신자가 1995년도에 295만 1천명이던 것이 2005년에는 514만 6천명으로 74.4%가 늘어났고, 불교는 같은 기간에 3.9% 늘어난 1072만 6천명으로 집계되었다.

이러한 조사결과는 한국교회의 현 주소를 여실히 보여주는데 이에 대한 원인을 따져보는 다양한 연구의 결과로 기독교의 일방주의적 선교방식, 교회의 세습 및 재정 불투명성, 기독교 지도자들의 도덕적 해이, 분열주의적인 교단행정, 교회의 이름을 빙자한 이단들의 횡행 등이 그 원인으로 분석되었다. 한국교회는 이처럼 갖가지 요인들로 인한 기독교 선호도 하락에 대하여 자괴감과 더불어 교회의 불투명한 장래를 불안한 시각으로 바라보며 걱정해야 할 형편이 되었다.

교회의 미래를 불안하게 하는 여러 가지 요인 가운데 매우 심각

---

[4] 2005년 통계청 발표 종교인 전수조사 결과

한 것은 교회에서의 청년들의 이탈 및 부재이다. 필자가 속한 교단의 H교회를 예로 들자면 1980년대에만 해도 300여명의 신자가 출석하는 교회였지만 지금은 80여명의 교인만 남았고 중고등부 및 청년회는 그나마 모이는 숫자가 거의 없어 문을 닫고 말았다. 이처럼 한국교회의 문제에는 전체적인 신자 수 감소도 있지만 그 가운데서 청, 장년층이 점점 엷어지고 있다는 것에 그 심각성이 있다. 청년들이 찾아오지 않고 정착하지 못하는 교회란 그 미래를 책임질 세대를 잃어버리고 있는 것이다. 대학청년의 기독교 신자율이 5~8%대에 머물러 있다는 조사들이 공공연히 회자되는 매우 암담한 현실이 요즘이다.

앞에서 이야기한 종교인 조사의 내용을 더 자세히 분석한 정재영의 자료를 보면 "서울을 비롯한 수도권 신도시에서 천주교 인구가 큰 폭으로 증가한 반면, 개신교 인구는 큰 폭으로 감소했다. 예전에는 도시의 합리적 지성인들에게 설득력 있는 종교로 다가갔던 개신교가 최근에는 깊이 있는 사고보다는 비합리적이고 '덮어놓고' 믿는 식의 감정적 종교로 인식되고 있는 것이다"[5]라고 분석하고 있다. 정재영은 최근 젊은이들이 교회를 떠나는 이유도 이와 흡사하다고 분석하며 청년들은 기성세대 부모와 같지 않아서 합리적이고 이성적으로 설명이 되지 않는 교회의 모습들을 접하면 기탄없이 교회를 떠난다고 설명한다.

---

5 정재영, '한국교회여, 다시 아래로 유턴하라',「Christianity Today」, 2012년 6월호, 24.

● 전도의 집합적 요소들
개인+각 교회의 이미지+전체 교회의 공동체성+진리체계+성령의 역사...

그런 가운데도 군선교의 현장에는 청년들이 넘쳐나고 있다. 군선교 사역 현장에서는 매해 17만 명 내외의 장병들에게 꾸준히 세례를 베풀고 있다. (어떤 이들은 이것이 비전 2020실천운동의 결실이라고 홍보하고 있지만 이 운동이 있기 전에도 다소의 차이는 있을지 몰라도 세례는 꾸준하게 베풀어져왔고 중요하게 생각되어 왔다.) 이러한 숫자를 단순한 예를 통해서 설명해보자면, 500명이 출석하는 교회를 중형교회라고 부를 수가 있겠는데, 이러한 500명이 출석하는 교회가 해마다 350개씩 만들어지는 것이다. 이렇게 본다면 한국교회의 전도현장에서 이야말로 엄청난 사건이 아닐 수가 없는 것이다.

그러나 오늘날 군장병 세례식에 참가해 본 민간 사역자들은 경탄과 동시에 우려를 함께 표명하고 있다. 군장병 세례의 엄청난 외형적인 실적에도 불구하고 이 청년들이 실제로 사회교회에 정착해서 신앙생활을 하는 예는 그리 많지 않으며 그나마도 체계적으로 분석되지 않고 있기 때문이다. 군세례의 엄청난 실적과는 무관하게 한국사회의 교회들에서 청년들이 사라지고 있는 현상은 점점 가속화되고 있는 실정이다. 그러므로 우리는 자기만족에서 벗어나서 보다 냉철하게 자신의 모습을 돌아보아야 할 때가 온 것이다. 그러므로 필자는 이 책에서 군장병 선교의 현주소와 문제점을 짚어보고 군에서 세례 받는 것에서부터 신앙생활을 하다가 전역할 때까지 장병들을 효과적으로 교육하고 정착시킬 수 있는 바람직한 방안을 모색해보고자 한다. 우선 전도의 기법이나 방식을 논하기 전에 전도에 대한 새로운 인식이 필요하다고 생각된다.

전도에 대한 지금까지의 통념은 영적인 메시지를 별로 영적이지 못한 사람들에게 전달하는 기술이라든가, 비즈니스맨처럼 '세일즈맨으로서 만나 계약을 성사시키는 일'이었다. 그러나 전도는 이같이 일방적인 것이 아니고 전도의 대상자와 '영적 우정'을 추구하는 일이며 기독교인으로서의 입문을 돕는 일체의 과정을 의미하는 것이다. 전도자가 한사람의 신자를 늘린다는 생각으로 접근하기보다는 그들을 돕고자 하는 자세를 가지고 삶의 관심사를 나누는 일에서부터 접근하는 것이 효과적이며 더 나아가서는 상호신뢰를 위해 기꺼이 전도자의 약점까지도 노출할 수 있어야 한다. 이런 점에서 접근한다면 전도자의 기술이나 은사보다는 오히려 전도자의 인간적 매력이나 진실성 같은 점이 더 나은 자산일 수 있다. 릭 리처드슨[Rick Richardson]은 전도가 개별적인 일이 아니며 교회 공동체와의, 더 나아가서는 하나님과의 새로운 관계를 맺도록 제자도로 이끌어주는 일이라고 말한다.

하나님, 기도, 경건, 예배, 고백, 복종과 같은 단어와, 우리가 말과 행동을 통해 신앙을 표현하는 모든 방식들은, 그 단어에 의미를 부여하는 공동체의 삶과 분리되면 아무런 의미가 없다. 회심은 기독교의 정체성을 이루는 언어와 그와 관련된 생활 방식을 배우는 것까지 포함된다. 그런 의미에서 회심의 과정과 제자도의 과정은 같은 것이다. 회심은 그저 좋은 출발, 좋은 시작을 가리키는 용어일 뿐이다.[6]

한 사람을 그리스도의 제자로 입문시키고 회심과 성장으로 이끄는 것이 전도라고 볼 때 전도는 새로운 차원의 의미를 획득하게 된다. 전도가 예비 신자를 설득하여 교회로 이끌어오는 단순한 작업이 아니라 기나긴 영적 여행의 안내자로 자처하는 것이며 교회 공동체에 함께 소속되어 삶 속에서 하나님이 행하시는 풍부하고 생생한 사랑을 나누는 친구가 되어주는 일임을 자각할 때, 전도의 새로운 차원이 열리게 될 것이다.

3. 포스트모더니즘의 시대

언젠가 필자는 조지아 애틀랜타의 남북을 가로지르는 I-85 도로를 달리고 있었다. 도로에는 링컨, 포드, 쉐보레, 크라이슬러, 캐딜락 같은 미국 국적의 차들은 물론 벤츠, BMW, 피아트, 르노, 토요다와 한국 차인 현대와 기아에 이르기까지 백 가지도 넘는 다양한 나라의 차들로 레이스가 벌어지고 있었고 흡사 거대한 차 박람회를 방

---

[6] 릭 리처드슨, 『스타벅스 세대를 위한 전도』, (서울: IVP, 2012), 70.

불케 하는 장면이 연출되고 있었다. (요즘은 우리나라 도로도 뒤지지 않는다.) 이러한 현장의 중심에 있으면 우리 시대가 글로벌하다는 것을 실감하게 된다. 이처럼 다양한 인종과 문화를 경험하는 것은 마치 첨단시대를 살아가고 있다는, 일종의 심리적 만족감을 준다. 요즈음 세대 특히 젊은이들에겐 다양성이 하나의 우상과 같다. 그들은 인생을 하나의 판타지로 여기면서 여행, 게임, 스포츠 등에 몰두한다. 그들은 세상이 예측 불가능한 가변성을 가지고 있으며 과거 2~300년의 변화와 발전을 불과 10년으로 압축할 수 있다는 것을 경험했기 때문에 고정된 불변의 이론이나 신념이 있다는 것을 받아들이려고 하지 않는 경향이 있다. 그렇다면 종교에 대한 생각은 어떠할까? 종교도 그들에게는 새로운 세계를 경험할 수 있는 정신적 판타지의 하나로 간주되는 경향을 발견할 수가 있다. 훈련소에 들어온 많은 수의 신병들이 오늘은 법당, 내일은 성당, 교회, 원불교당을 전전한다. 그들 가운데 적지 않은 이가 수계와 영세, 세례처럼 서로 다른 종교인으로서의 가입의식을 치르는 데 거리낌이 없다. 확실히 이들의 생각은 기존세대의 의식과는 다르다. 그들이 다 그런 것은 아니겠지만.

현대 사회를 말하고 청년들의 의식을 논하는 데 있어서 포스트모더니즘Postmodernism을 간과할 수는 없을 것 같다. 포스트모더니즘은 과거 모더니즘이 지향했던 실재관의 허구성을 지적하는데, 모더니즘은 절대적 신관이나 진리의 세계를 거부하고 인간의 이성과 과학을 신봉하며 인간이 자율성을 가지고 독립적이며 주체적인 삶을 살아갈 수 있다는 근대의 사조였다. 포스트모더니즘은 더 나아가 인간의 자율적 주체성에 의문을 제기한다. 포스트모더니즘에 있어서 중요한 것은 지속적인 재구성이며 모든 것은 상대적이고 실험적이라는 사실이다. 포스트모더니스트들은 획일적인 통일성과 동질성의 요구를 거부하고 보편성은 허황된 것이며 억압적이고 폭력적이라고 생각한다. 유경상은 이러한 사조의 특징을 아래와 같이 요약한다.

> '인간이 직면한 문제가 무엇인가?'에 대한 포스트모더니즘의 답변은 한마디로 '억압된 자아'의 신음소리라고 할 수 있을 것이다. 포스트모더니스트들은 실재와 인간이 사회적으로 구성된 것임에도 불구하고 여전히 통일성과 동질성만을 강조하고 차이, 이질성, 타자성, 그리고 개방성을 감추게 될 때 인간의 문제는 시작된다고 생각한다. 더 나아가 보편성이라는 허황된 주장을 고집한 채 그것을 사람들에게 주입하려고 할 때 결국 억압적이고 폭력적이 된다는 것이다.[7]

이렇게 절대 진리에 대한 신뢰는 약화되거나 거부되고 다원주의와 상대주의가 힘을 얻는 시대가 포스트모던 시대의 특징이다. 포스트모더니스트들은 절대 진리와 획일화에 알레르기 반응을 일으킨다. 동시에 인간의 지성이나 과학적 힘에 의해 인간의 독립적 자율

---

[7] 유경상, '기독교 세계관에 기초한 포스트모던 인간관 연구', 「신앙과 학문」 15권 제3호, 2010년, 9월호, 149.

성을 지켜나갈 수 있다는 것에 회의를 보낸다. 오히려 그들에게 모든 것은 끝없는 실험과 과정의 연속일 뿐이며 이미지의 결합 내지 분산, 언어를 통한 새로운 조형의 시도일 뿐이다. 일체의 정형화된 것을 거부하는 것이다.

이렇게 볼 포스트모더니즘의 사상에 젖어 살아가는 사람들에게 기독교의 선교는 큰 시련에 봉착할 수밖에 없다. 이 시대의 사람들에게 기독교의 하나님은 맹목적이고 절대적 순종을 요구하는 신으로 여겨지며 기독교의 진리는 배타적이고 타협의 가능성이 전혀 없으며, 교회의 예배와 제도는 숨이 막힐 정도로 정형화된 것으로 여겨질 수 있다. 기독교가 인간의 자율성을 억압하는 종교처럼 여겨질 때 교회에 나가는 것은 점점 선택의 목록에서 제외될 것이다. 그렇다면 '이러한 포스트모더니즘 시대의 사람들과 어떻게 접촉점을 유지할 수 있을 것인가?'는 전도자들에게 중요한 질문이요 과제가 되어야 할 것이다.

포스트모더니스트들은 기독교의 신념과 신앙이 단지 그들의 고집스러운 자기주장 위에 건설된 것이라며 기독교의 억압적이고 폭력적인 모습을 고발하곤 한다. 이를테면 십자군 전쟁, 근본주의와 결합된 백인 우월주의, 한때 서구 제국주의의 첨병 역할을 수행했던 기독교의 일탈, 나치의 억압에 대해 침묵했던 독일교회의 역사들을 그 예로 제시할 때 기독교인들은 당혹스러울 수밖에 없다. 그러나 그것은 원래 기독교의 모습이 아니라 인간의 욕망과 이기심을 종교의 이름으로 포장(바리새인이 그러했던 것처럼)했던 것에 불과하다.

어떤 면에서는 포스트모더니즘이 오히려 개인을 억압하던 것들의 실체를 드러내고 인간의 자유를 옹호하는 면이 있다는 것을 긍정적으로 받아들일 수 있어야 한다. 기독교인들은 제도나 교리로써 인간을 억압하던 과거를 반성하고 하나님이 만드신 세계의 모든 가능성에 자신을 겸손히 노출시킬 때 또 하나의 은총을 맞이할 기회를 얻을 수도 있을 것이다. 사도 바울은 말하기를 "유대인들에게 내가 유대인과 같이 된 것은 유대인들을 얻고자 함이요 율법 아래에 있는 자들에게는 내가 율법 아래에 있지 아니하나 율법 아래에 있는 자 같이 된 것은 율법 아래에 있는 자들을 얻고자 함이요"(고린도전서 9장 20절)라고 말한다. 곧 복음의 내용과 진리는 변함이 없으나 그 대상에게 접근하는 방법은 신축적이고 융통성이 있어야 하며 수요자 중심이 되어야 한다는 것이다. 그런 면에서 포스트모더니즘의 도래는 기독교인들에게 도전인 동시에 기회일 수 있는 것이다.

> 포스트모더니즘이 진리의 유일성과 보편성을 부인한다는 면에서 적대감을 보일 것이 아니라 인간의 자율성과 창의성을 옹호하는 측면이 있다는 점을 긍정적으로 수용할 수 있어야 한다.

포스트모더니스트들이 상대주의적이고 개인적인 삶을 추구한다고 해도 여전히 인간 존재 자체가 지니고 있는 한계 상황은 해결되지 않는다. 그것은 인간의 삶이 유한하다는 것이고, 인생을 실험으로 살다가 마칠 수는 없다는 것이며, 인간을 이미지의 조각으로 재단할 때 오는 인간 존엄성의 해체와 이로 인해 야기될 수밖에 없는 인간 소외와 허무 같은 것들이다. 그들도 인간적인 소통을 원하며, 그들에게도 친밀하고 영구적인 관계가 필요하고 항구적인 목표가 절실하다. 그런 면에서 포스트모더니즘은 기독교 공동체의 영적 정체성과 자원을 그 근원에서부터 돌아볼 것을 요구하고 있으며 바람직한 기독교 공동체의 실현을 촉구하고 있다고 볼 수 있겠다. 앞으로 기독교의 전도와 사역은 문화 및 신념의 다양성을 인정하고 방법적인 면에서의 융통성을 발휘해야 하며 다른 이질적인 집단과 요구에 대한 배려가 필요할 것이다. 기독교에 대해 이의를 제기하고 견해를 달리하는 사람들과 허심탄회하게 토론할 수 있는 열린 자세도 필요하다. 그리고 이러한 경향들이 개인주의와 무소속 및 무책임을 조장하느니만큼 그것을 보완하기 위해 내적으로는 검증된 기독교 진리에 대한 확고한 믿음이 요구되며 외적으로는 공동체적 돌봄과 소통의 노력이 경주되어야 한다.

4. 성장제일주의의 폐해

부흥의 역사에 대한 기억과 이야기는 새로운 부흥에 대한 기대를 촉발시킨다. 기독교는 과거 큰 부흥의 역사를 이루어왔다. 특별히 한국교회는 세계 선교역사에서도 흔히 유례가 없을 정도의 폭발적 성장을 이루어왔다. 오랜 기간 동안 풀러신학교의 피터 와그너

Peter Wagner 박사와 같은 이들이 성장주의를 뒷받침하는 신학적 이론들을 제공하며 이를 당연시하는 분위기가 한국 교계를 지배하였다. 사실 '교회 성장이론'은 교회성장의 이론적 근거, 방법 등을 알려줌으로써 교회성장의 원동력이 되기도 했다. 교회 성장이론은 목회자와 교인들에게 복음화와 부흥에 대한 동기부여와 열정을 심어주었다. 그러나 성장제일주의가 득세하면서 폐해가 나타나기 시작했다. 물론 교회가 계속 성장하여야 한다는 것이 잘못된 생각은 아니다. 인위적으로 선교와 성장을 제한할 수는 없는 것이다. 그러나 성장제일주의를 지향하는 교회는 수많은 문제를 야기할 수밖에 없다. 성장이란 교회가 성경적 공동체를 지향하는 과정과 함께 동반되고 그 결과로 나타나야 하는 것이지 단순한 수의 증가를 성장이라고 말할 수는 없는 것이다.

김재성 교수는 말하기를, 미국 풀러신학교의 도널드 맥가브란 Donald Mcgabran 교수가 '교회 성장'이라는 개념을 도입했을 때는 선교지에서 일어나는 현상을 풀이하고자 한 말이었지만, 그의 후임자 피터 와그너에 의해서 '교회 성장'은 '변질된 팽창주의'라는 개념으로 바뀌고 말았고, 숫자의 증가와 열정의 확산을 교회 성장의 내용으로 삼게 됐다고 비판한다.[8] 문제는 성장주의가 인간의 내면에 숨겨진 비밀스러운 탐욕을 부채질한다는 것이다. 목회를 건물과 교인수에 따라 성공과 실패로 재단하는 경향을 일반화시키며, 선교신학

---

8 김재성, '교회의 본질과 거룩성',「목회와 신학」, 2013년 10월호, 146.

에 동맥경화증을 유발시켜 선교의 대상에 대한 쌍방향적인 소통과 이해와 사랑, 용납보다는 복음에 굴복시키려는 일방적이고 제국주의적 선교로 표출된다. 결국 필연적으로 복음의 순기능인 소통과 치유가 아닌 역기능적인 단절과 강요, 소외현상이 두드러지게 된다. 바로 이와 같은 현상이 현재 한국교회가 당면하고 있는 현실이고, 적지 않은 이들이 교회에 대해 보내는 우려와 부정적 시각이 존재하고 있는 것이 사실이다.

또한 성장 제일주의는 외형적인 교세를 우선시하게 되기 때문에 힘 있는 세속적 권세와 결탁하기 쉬우며 동일화되는 경향이 있다. 제국주의적 선교신학은 늘 숫자와 세력을 가늠하며 어느 종교가 주도권을 가지고 있는가를 따져보며 성과지향적인 방법론에 매몰된다. 세상은 이해하고 섬기기 위한 대상이 아니라 정복하고 굴복시켜야 할 대상이 되어버리고 만다. 교회는 전도를 위한 전투를 수행하는 사령부가 되고 세상을 어둠의 세력으로 보기 때문에 세상과의 대화와 타협은 본래적으로 불가능하며 무의미하게 된다. 이렇게 하여 성장 지상주의는 복음의 왜곡, 헌신과 봉사, 섬김의 왜곡을 가져온다. 복음은 세상의 빛이 되라고 하고 착한 행실로써 세상이 우리가 그리스도인임을 알고 하나님 아버지께 영광을 돌리도록 장려하지만 (마태복음 5장 16절) 세상을 정복해야 할 대상으로 여기는 풍조는 이를 불가능하게 만든다. 교회 안팎의 헌신과 봉사도 그 자체가 상급이기보다는 궁극적 축복을 달성하기 위한 하나의 수단으로 전락하게 되고 만다.

김승욱 교수는 성장주의가 득세하던 시절 한국교회의 모습을 다음과 같이 묘사한다. "경제계에서 재벌이 등장하듯이, 기독교 교계에는 대형교회가 등장했다. 한 창업가가 기업을 재벌로 키우는 모습과 한 젊은 목사가 개척교회를 대형교회로 키워가는 모습이 유사했다. 강력한 리더십, 밤낮을 안 가리고 뛰는 초인적 정력 등이 공통점으로 거론되었고, 나아가 상속까지 이루어져 교회가 사회와 구별되지 않았다. 그리하여 교회가 사회에 긍정적인 영향을 주기보다는 반대로 자본주의 세계관이 교회에 들어왔다는 비난을 받게 되었다."[9] 곧 성장주의의 내면에는 인간적인 동기가 숨어 있으며 결국 그것이 표출되는 것이 권위주의, 재정의 불투명, 세습 같은 현상인 것이다.

> 성장제일주의는 목회를 건물과 교인 수에 따라 성공과 실패로 재단하는 경향을 일반화시키며 선교신학에 동맥경화증을 유발시켜, 선교의 대상에 대한 쌍방향적인 소통과 이해와 사랑, 용납보다는 복음에 굴복시키려는 일방적이고 제국주의적 선교로 표출되곤 한다.

이렇게 하여 성장주의는 과정보다는 결과를 중시하는 그 행태로 인하여 교회 안의 공동체성을 파괴한다. 성장이 우선시되는 구조는 인력이나 재정이 성장에 투입되는 자원으로 여겨지기 때문에 사

---

[9] 김승욱, '기독교가 한국 경제성장에 미친 영향', 「신앙과 학문」, 15권 제3호, 2010년, 9월호, 18.

람이 도구화되는 현상을 가속화시켜 필연적으로 교회 안에 소외현상을 가져온다. 또한 세상을 복음으로 정복해야 할 대상으로 여기고 '복음을 받을 것인가 아닌가?'라는 명제의 득세로 인해 교회 바깥의 의미를 왜소화시키고, 곧 세상의 하나님을 교회 안의 하나님으로 축소시키며 일방적인 선교행태로 세상을 소외시킨다. 결국 교회의 공동체성과 우리가 돌보아야 할 더 큰 우주적 하나님의 공동체성을 소외시키는 결과를 가져오게 되는 것이다. 그러므로 이제 한국교회는 조급하고도 인본주의적인 성장주의에서 벗어나서 우리가 소외시켰던 교회 안팎의 사람들과 화해하고 포용하며 개 교회와 교파, 이웃까지도 아우르는 더 넓은 의미에서의 공동체성 회복에 앞장서야 할 것이다.

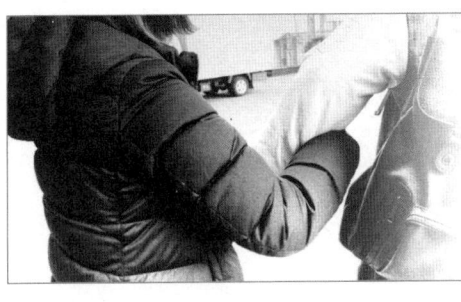

대학가 선교

청년선교의 열풍이 학원가를 중심으로 활발하게 펼쳐졌을 때 한국교회는 한동안 사회를 바꾸는 혁신적인 주도 세력으로서 자리매김할 수 있다는 희망이 있었다. 그러나 이제 그 희망의 불길은 서서히 꺼져가고 있다. 숭실대 조사 결과 학생 10명 중 8명이 대학가 전도방식에 문제가 있다고 응답하였다. (2013년, 숭실대학보)

저희는 종교가 없습니다.
세뇌로 얼룩진 울타리를 깨고 나와 세상을 둘러보면
신이 인간을 만든 것이 아니라
인간이 종교를 만들었다는 것을
더 감동적으로 배울 수 있기 때문입니다.
저희는 다른 사람들에게 피해를 주지 않고
조용히 어떤 믿음을 갖고 사는 것까지
비난하고 싶은 생각은 거의 없습니다.
그러니 저희를 괴롭히지 말아주세요.

당신은 아마 한 권의 책을 맹목적으로 믿겠지만,
저희는 더 많은 책들을 합리적으로 믿습니다.
저와 얘기하고 싶다면, 이 책들을 읽는 것이
곧 저와 얘기를 나누는 것이 될 겁니다.

마이클 셔머	왜 사람들은 이상한 것을 믿는가
크리스토퍼 히친스	신은 위대하지 않다.
칼 세이건	악령이 출몰하는 세상, 코스모스
리처드 도킨스	만들어진 신

서울대와 카이스트 학생들이 제작했다는 전도거부카드의 앞면과 뒷면

제2장

역사 속에서 길을 찾다

개신교에 비해 먼저 한국 땅을 밟은 천주교의 역사를 별개로 하고 학계에서는 보통 한국 기독교[10]가 1876년 이후부터 한국에 본격적으로 수용된 것으로 본다. 기독교는 한국에 전래되어 선교 영역에서뿐만 아니라 이 땅의 교육, 의료, 정치제도, 문화에 막대한 영향을 미쳤다. 한반도에서 점점 심해지는 열강의 각축과 일제의 도발적인 야욕 앞에서 무기력하기만 했던 정부와 전통적 종교에서 희망을 찾지 못했던 수많은 선각자들과 구도자들이 교회로 몰려들었다. 한국의 기독교는, 물론 선교사들을 통해 본격적으로 전래되었다고는 하지만, 타 선교지역과는 비교가 되지 않을 정도로 자생적인 노력과 자발적인 개종이 많이 이루어졌다는 점에서 그 특이성을 보인다.

한국 기독교(특히 개신교) 역사에 있어 특기할 만한 사실을 들자면, 그중 하나는 선교사들에 의해 복음이 전파되기 이전에 이미

---

[10] 보통 '기독교'라고 하면 일반적으로 가톨릭과 정교회, 개신교를 통칭하여 부르는 용어이다. 가톨릭과 구별하여 쓰는 용어로는 '개신교'가 있다. 그런가 하면 혹자들은 개신교라는 말보다는 굳이 기독교라는 용어를 고집하기도 한다. 이 책에서는 기독교와 개신교를 필요에 따라 혼용할 것이다. 어떤 경우든 가톨릭과는 구별되기 때문에 혼돈스럽지는 않을 것이다.

한국인의 손에 의해 기독교의 경전인 성경이 한글로 번역되어 상당한 양의 성경이 국내에 유입되어 읽혔을 뿐 아니라 한국 안에 자생 토착교회가 설립되었다는 점이다. 그리고 복음 선교사로 입국한 선교사들의 손에 이미 한글로 번역된 성경이 들려져 있었다는 사실은 19세기 기독교 선교사에 있어 획기적인 사건으로 기록되기도 한다.[11]

한국 역사 속에서 기독교 신앙은 가난한 민중들의 정신적 도피처였을 뿐만 아니라 현실적인 문제를 함께 고민하고 고통과 좌절, 희망을 나누는 종교였기에 그들에게 있어서 기독교를 믿는다는 것은 곧 하나님의 자녀로서 존엄한 한 인간으로 거듭나는 길임을 실감하게 하였으며, 기독교 신앙 안에 있는 자유와 해방과 치유의 능력이 곧 전도의 능력이었다는 것이다. 곧 개인의 전도능력이나 교회 공동체의 전도에 대한 열심보다도 복음과 기독교 신앙, 기독교 교회 내재된 생명력에 대한 신뢰가 기독교에로의 입문을 이끌어낸 동력이었다는 것이다. 그런 면에서 오늘날 풍요한 현대사회에도 여전히 약육강식과 적자생존의 생활환경 속에서 우울과, 절망, 회의와 질병을 경험하고 있는 동시대인들에게 교회는 어떤 존재로 다가가며 어떤 실체로 인식되고 있는가에 대한 철저한 자기 성찰과 반성을 통해, 교회의 전도는 새로운 전환점을 맞이할 수 있을 것이라고 생각한다.

---

11 이덕주, 『새롭게 쓴 개종이야기』, (서울: 한국기독교역사연구소, 2003), 99.

한국교회는 특히 1960년대 이후 급성장했다. 한국의 개신교회 숫자는 1911년도에 1400여 동이었으나 1960년에 5천 동으로, 2010년에는 8만 동으로 급격히 늘어났고, 교인 수도 같은 기간 동안 14만 명에서 60만으로, 다시 900만 명으로 늘어났다. 세계에서 가장 큰 교회(오순절)와 가장 큰 장로교회와 감리교회가 한국에 있으며 세계에서 가장 큰 메가처치$^{Mega Church}$ 10개 가운데 5개가 한국에 있다고 한다. 그리고 한국은 미국에 이어 세계 2위의 해외 선교사 파송국이 되었다. 한 마디로 그동안 한국교회의 양적 성장은 그야말로 눈부신 것이었다.

표1. 초기 한국 기독교와 현대의 비교[12]

유형 / 년도	1911	2013	비 고
목사 수	95명	58,578명	1911년도에는 1685개의 예배처소가 있었던 것으로 보고되고 있으며, 당시 한인 선교사는 없었지만 현재는 15,000명 이상이 해외에 나가 있다.
교인 총수	144,261명	8,069,097명	
교회 수	1,448동	31,107동	

(출처: 대한예수교장로회 1911년도 총회록과 2013년도 기독교 자료 비교)

위의 자료에서 보듯이 오늘날 외형적인 면에서 한국 기독교의 교세는 초기 기독교와는 비교가 안 될 정도의 규모와 세력을 가지고 있다. 사회의 지도층 가운데도 많은 기독교인들이 포진하고 있는 것

---

[12] 위의 2013년 자료는 예장합동, 통합, 고신, 합신과 기장, 감리교단만을 합친 것이다. 이와는 별도로 기하성(순복음)교단은 목사 수 4000여명, 교회 수 2000개, 교인 수 110만 명이라는 보고 자료가 나와 있다. 이들 7개 교단만 합쳐도 기독교인 수가 900만을 훌쩍 넘기 때문에 목사 수와 교회 수 외에는 자료로서의 신빙성이 다소 떨어진다고 볼 수 있겠다.

이 현실이다. 그러나 그들이 얼마나 일반인들에게 존경을 받고 모범을 보이느냐는 별개의 문제이다. 그러므로 현대를 살아가는 한국사람들이 초기 기독교에 가졌던 생각을 동일하게 가지고 있느냐는 질문에 대해서 "그렇다"고 결코 자신 있게 대답할 수가 없다는 것이 고민인 것이다. 그러므로 한국교회는 이런 상황에서 임시방편으로 위기를 타개할 방안을 강구하는 데 골몰할 것이 아니라 교회가 사회적 신뢰를 회복할 수 있도록 더욱 힘을 쏟아야 할 것이다.

> 현실이 어려울수록 과거 선교 역사를 즐거운 추억거리나 자랑으로서가 아니라, 모범으로서 삼기 위해 돌아봐야 할 필요가 있다.

오늘날 전도가 잘되지 않는 이유라고 한다면 포스트모더니즘의 영향이나 경제적 풍요, 일상의 분주함과 관심의 분산 등을 꼽는다. 그러나 한국의 선교 초기에 민중의 삶 속에 깊이 침투하였던 것이 기독교 선교의 핵심이었듯이 오늘날도 전도의 전략만 논할 것이 아니라 일반인들의 삶과 의식 속에 깊이 파고들 수 있는 기독교가 되도록 해야 할 것이다. 동시에 현대인에게도 여전히 정신적, 영적 갈급함이 있으므로 그러한 해결점을 기독교 신앙에서 찾을 수 있는 접촉점이 무엇인가를 발견해야 할 것이다. 초기 기독교가 한결같이 당시대의 사람들에게 해방과 자유와 치유의 종교로 각인되었던 것처럼 오늘날에도 이러한 생명력을 발휘할 수 있다면 전도의 문은 결코 닫히지 않을 것이다.

1. 선교와 전도

먼저 우리가 흔히 혼용해 쓰는 '선교'와 '전도'란 용어의 개념을 명확히 구분해야 할 필요가 있겠다. 김선일은 "최근에 이르러 예수 그리스도 안에서 하나님 나라의 도래를 증거하고 하나님 나라의 통치를 증거 하는 삶이 선교의 중요한 실체라는 인식이 높아졌다"고 하며 "선교가 총체적 차원의 사역이라면 전도는 그 핵심을 이루는 실천이다"라고 정의한다.[13] 이에 근거하여 다시 정의하자면 전도는 그리스도인으로 개종 혹은 회심시키기 위한 보다 구체적인 전략과 전달 방법이라고 보고, 선교는 하나님의 통치권을 회복시키고자 하는 교회의 모든 노력을 통칭한다고 말할 수 있겠다. (여기서는 두 용어를 다 쓰겠지만 좁은 의미에서의 전도란 용어를 더 많이 사용할 것이다.)

그동안 한국교회의 문제가 심화된 것은 전도의 목적이 변질된 데 있다고 본다. 즉 비록 소수라 할지라도 그리스도께 돌아와 그분과 인격적인 관계를 맺고 제자도를 실천하며 살아가는 신앙공동체를 형성하는 데 힘을 기울이기보다는 더욱 큰 규모의 교회를 만들기 위해 경쟁적으로 교인 수를 늘리는 데 초점이 맞추어진 것이다. 즉 전도는 교세확장의 방법이 되었고 각 교단과 교회마다 몇 명의 교인을 가지고 있느냐가 주요 관심사 중 하나가 되었다. 우리는 전도를 개종의 수단이 아니라 온전한 회심과 건전한 기독교 공동체를 만들

---

[13] 김선일, 『전도의 유산』, (서울: SFC, 2014), 48-50.

기 위한 교회의 본질적 사명이라는 연속선상에서 바라보아야 할 필요가 있다. 그런 면에서 전도는 반드시 하나님의 선교라고 하는 큰 틀에서 역할을 해야 하며 하나님 나라 구현이라는 보다 큰 명제에 통합되어야 한다.

요즈음 '선교적 교회'Missional Church라는 용어가 화두가 되고 있다. 이는 곧 교회는 선교를 위해 존재해야 하며 교회의 모든 요소들이 선교적으로 변화해야 한다는 것을 의미하는 말로, 전도를 많이 하고 전도에 열심을 내는 교회가 되어야 한다는 것과는 개념이 사뭇 다르다. 곧 교회가 선교비를 많이 지출해야 한다는 이야기가 아니라는 것이다. 하나님께서 선교를 위해 세운 교회로서 선교의 주체이신 하나님이 사용하실 수 있는 교회가 되어야 하며, 교회의 모든 영역에 선교를 수행하시는 하나님의 형상이 드러나야 한다는 것이다. 마치 예수께서 선교를 위해 이 세상에 오셨을 때 그분 안에서 선교의 주체이신 하나님이 드러났듯이 교회도 그러해야 한다는 것이다. 그러나 아직도 전도는 교회라는 제도를 위해 계획되고 수행되는 것 같은 양상을 너무나도 많이 목도하게 되는 것이 현실이다.

조지 래드Geoege E. Ladd는 예수 그리스도의 지상 사역에 있어서 핵심 메시지가 '하나님 나라'였다고 하면서 교회는 하나님 나라를 위해 존재한다고 하였다. 그는 "하나님 나라는 첫째, 사람들 속에 역사하는 하나님의 통치이며 둘째, 사람이 들어감으로 말미암아 하나님의 통치를 경험할 수 있는 영역"이라고 한다.[14] 교회가 하나님 나

---

14 조지 E. 래드, 『하나님 나라의 복음』, 박미가 역 (서울: 서로사랑, 2002), 167.

라를 위해 존재한다는 말은 교회가 곧 하나님 나라는 아니라는 의미이며, 동시에 그럼에도 불구하고 이 땅에서 하나님 나라를 경험할 수 있는 영역이 되어야 한다는 뜻을 내포한다고 볼 수 있다.

> 전도는 단순히 개종의 수단이 아니라 온전한 회심을 위한 출발점으로 봐야 하고 '하나님의 선교'라고 하는 큰 틀에서의 역할을 해야 하며 '하나님 나라 구현'이라는 보다 큰 명제에 통합되어야 한다.

하나님은 친히 자신의 통치를 계획하시고 이 뜻을 이루시기 위해 예수 그리스도를 보내셨다. 예수께서는 죽기까지 성부 하나님의 뜻을 이루기 위해 힘쓰셨고 지금도 성령께서는 교회를 통해 하나님 나라를 이루기 위해 역사하신다. 그러므로 교회의 사명은 하나님 나라의 통치를 선포하는 것이며 교회에 나오는 사람들로 하여금 하나님의 통치에 참여하도록 하는 것이 되어야 한다. 이러한 사명을 이루기 위해서는 교회가 오직 그리스도의 몸(고린도전서 12장 12절~31절)이 되고 그리스도 안에서 연합(에베소서 4장 1절~16절)하는 공동체가 되어야 함은 자명한 일이다. 이 일을 이루기 위해서 전도는 온전한 그리스도인을 만들기 위한 시작 단계로서 이해되어야 하며 그러므로 더욱더 신자의 회심과 성화에 집중해야 한다.

2. 복음의 해석자요 실험실인 교회 공동체

오늘날 교회의 위기는 전도의 궁극적 목표가 변질되고 전도가 다수의 교인 만들기와 교세 확장의 수단이 되어버린 데서 비롯된 것이다. 교회가 전도를 부르짖는 외형적 이유는 '하나님 나라 확장'이지만 감추어진 동기는 교세 확장에 있는 경우가 많은 것이다. 꽤 오랜 기간 동안 이기적이고 탐욕스러운 대교회주의와 분열적인 교단중심주의, 개교회 중심주의와 성장주의의 열풍이 한국 교회에 불어닥쳤다. 이것은 온전한 공동체 형성을 가로막았을 뿐만 아니라 역으로 전도를 가로막는 걸림돌이 되고 만 것이다. 물론 복음주의적인 사역의 결과로 자연스럽게 성장한 대형교회도 없지는 않지마는, 애초부터 대교회 구현에 목표를 두고 이를 성취하기 위한 방법으로 전도를 전락시키는 행태는 우려스러운 점이 아닐 수 없다. 교회의 숫자와 규모에 초점을 맞추다보면 자연스레 공동체성은 저하되고 말기 마련이다.

이와는 다르게 초대교회는 진정한 회심에 초점을 맞춘 공동체였다. 그러기에 한 사람을 교회에 받아들이는 데 신중했으며 진정한 변화를 위한 많은 노력을 기울였다. 그러나 오늘날의 교회에서 회심이 어느 틈엔가 심리적 변이로 축소되는가 하면 신앙고백이 단지 기독교 단체에 가입하기 위한 의례적인 통과절차가 되어 버리고 말았다는 것이 심각한 문제이다. 회심은 결코 일회적인 사건이 아니며 그리스도인의 전인격과 생애에 걸쳐 일어나야 할 성질의 것이다. 그러므로 교회가 이제라도 진정한 회심에 온 힘을 기울인다면 개인은 물론 교회 공동체도 살아나고 생명력을 회복할 것이다.

현대인들은 민주화되고 다양화된 세상에서 풍요로우며 바쁜 생활을 하고, 절대 진리를 용인하지 않는 특징을 가지고 있다. 이런 현대인들의 관심을 끌기 위해서 초대교회 성도들이 보여주었던 높은 수준의 의식과 행동 이상의 것이 필요할지 모른다는 생각은 때때로 우리를 좌절시킨다. 그래서 이런 문제를 건드리지 않고도 전도하고 교회를 성장시킬 수 있는 효과적인 기법이나 방법은 없는가를 생각하게 되는 것이다. 그러나 온전한 회심이야말로 전도를 위해 교회가 추구할 수 있는 최선의 방법이다. 온전한 회심은 교회를 통한 하나님의 구원역사의 최종 목표이고, 온전한 회심자를 통해 성령은 일하고자 하시기 때문이다. 그러므로 교회 공동체에서 이러한 점에 초점을 맞추어 온전한 그리스도인들을 배출하려고 노력할 때 교회는 건강성을 회복하고 전도의 능력을 갖추게 될 것이다.

레슬리 뉴비긴Lesslie Newbigin은 '회중이야말로 복음의 해석적 공동체'[15]라고 말했는데 그런 면에서 한국교회는 복음을 제대로 해석해주는 공동체 형성에 많은 문제점을 노출하고 있는 것으로 보인다. 적지 않은 교회가 신자들을 변화시키는 데 힘을 쏟기보다는 신자들의 욕구를 충족시키는 데 많은 시간을 낭비하고 있는 실정이다. 이러한 경향 속에서 청소년들을 붙들기 위해 교회생활을 재미있게 해

---

15 Ibid. 88. 『전도의 유산』에서 재인용.

주려는 많은 시도들도 나오고 있지만 현대 선교신학적 통찰에서는 그러한 방법은 근본적 해결책이 되지 못하며, 그들에게 신앙 공동체에 가담하여 다양한 경험을 하게 하는 것이야말로 보다 근본적인 해법이라고 지적한다. 또한 부모 세대와 자녀 세대가 함께 공동체적 경험을 하게 해주는 장을 마련하는 것이 중요하다는 것에 대해 역설하는데, 교회의 공동체성은 미래 시대 선교의 성패 여부를 결정짓는 핵심적 요소가 될 것이다. 여기에 필자가 초등학교 시절 경험한 일을 소개하고자 한다.

어느 비오는 날 아침, 나는 어머니와 함께 우산을 쓰고 예배당에 갔다. 이미 앞서온 많은 사람들이 예배당 안에 가득 들어차 있었는데 그렇게 이른 아침에 많은 사람들이 모여 있는 것을 보고 나는 맘속으로 놀랐다. 사람들은 고요한 가운데 기도를 하고 말씀을 보며 예배가 시작되기를 기다리고 있었다. 어머니는 그 사람들에게 방해가 되지 않도록 하려고 조용하게 나의 손을 이끌어 좌석에 앉도록 도와주셨다. 그곳에서 어떤 찬송을 불렀는지 목사님이 어떤 설교를 했는지는 기억할 수가 없다. 그러나 이것은 나와 어머니가 함께 경험한 아주 오래되었지만 그러나 결코 지워지지 않는, 사진과 같이 내 기억에 남아 있는 추억이다.

필자는 이 경험을 통해 주일날 아침의 시간을 기꺼이 하나님께 드려야 한다는 것과 예배가 무엇인가를 기대할 수 있는 아주 중요한 의식이라는 것, 또한 그때에는 더욱 더 상대방을 배려해야 한다는 것을 배웠다. 그것은 별도의 성경 공부를 통해서가 아니라 생활 속에서 또한 공동체에 참여함으로써 얻은 교훈이었다.

고든 스미스Gordon T. Smith는 회심이란 공동체적 삶으로 통합되는 것을 의미하며 이것은 우선적으로 교회 공동체에 속하는 것에서 시작된다고 말한다. 그는 "결과적으로 완전히 개인적인 차원에서 회심을 생각할 수는 없다. 신앙 공동체는 우리의 회심을 매개하기 때문에 회심에는 그 공동체로의 통합이라는 요소가 포함되어야 한다"[16]라고 말한다. 개인의 신앙생활은 공동체에 속하는 것으로 귀결되어야 하며 또한 공동체적 경험에서 완숙되어 간다. 그것은 결과적으로 공동체가 전도의 열쇠라는 것을 가르쳐 준다.

> 신앙을 개인적 차원에서 생각할 수 없다. 회심도 개인적인 차원에서 볼 수 없다. 성경에서는 신앙이나 회심을 개인적 차원으로 국한시키는 그 어떤 예도 발견할 수가 없다. 그것은 공동체를 만들고 참여하는 것으로 귀착된다.

이 같은 성찰은 앞으로 논의하고자 하는 장병전도에 있어서도 시사하는 바가 많은데 공동체적 경험을 제공할 수 있는 여지가 비교적으로 적은 곳이 군선교의 장이며 군인교회이기 때문이다. 그것은

---

[16] 고든 스미스, 『온전한 회심 그 7가지 얼굴』, 임종원 역 (서울: CUP, 2010), 384.

군의 계급적 성격과 더불어 인적 물적 자원의 제한점과 시간상의 약점 때문인데 앞으로 이것을 극복하는 것이 매우 큰 과제라고 여겨진다. 그러므로 뒤에서 이에 대한 보완점을 제시하게 될 것이다.

3. 공동체를 해치는 샤머니즘과 기복주의

한국교회의 또 다른 문제점은 교회 안에 버젓이 상존하고 있는 샤머니즘과 기복주의이다. 성경의 어느 곳을 보아도 신앙을 개인적인 수련이나 기복의 차원으로 제시한 예는 찾아보기 힘들다. 성경은 항상 공동체에 관심을 가진다. 그러나 오늘날 적지 않은 기독교인들이 기복주의적 신앙을 가지고 있는 것으로 생각되는바 이러한 점에서 그들이 바람직한 기독교 영성과 신앙을 가지고 있다고 간주할 수는 없을 것이다. 샤머니즘에 기반을 둔 일부 기독교 신앙인들은 사회나 교회 공동체 전체의 유익보다는 항상 개인의 기복에 관심을 가지고 행동한다.

김윤규는 지적하기를, "샤머니즘은 한국인들에게 자립적이거나 책임적인 삶의 태도를 부여해주는 것이 아니라, 오히려 운명에 자신의 삶을 맡기는 의존적이고 움츠러드는 태도의 삶을 부추기곤 한다. 왜냐하면 샤머니즘 신봉자들은 인간의 삶이란 많은 신들의 뜻에 좌우된다는 신앙을 갖고 있기 때문에 고통이나 문제에 맞서 싸우기보다는 무당을 찾아가서 신들의 도움을 요청하는 데 익숙하다. 둘째로 샤머니즘은 한국인들에게 종말론적인 역사의식을 갖도록 이끌어주지 못한다. 샤머니즘은 단지 이 세상의 것만을 향해서 줄기차게 달려가도록 한다."고 말한다.[17]

이런 면에서 샤머니즘의 그늘에서 벗어나지 못한 개인주의나 기복주의적인 신앙을 청산하고 공동체성을 고양시키는 것이 한국교회의 중요한 당면과제라고 볼 수가 있을 것이다. 문제는 교회 바깥에 있는 샤머니즘 숭배가 아니다. 바로 교회 안에 버젓이 기독교의 얼굴을 하고 있는 샤머니즘인 것이다. 복음을 전하는 전도자에게는 자신 안에 있을지도 모르는 샤머니즘과 기복주의, 그리고 전도의 대상이 되는 사람이 가지고 있는 샤머니즘과 기복주의가 만날 때 어떻게 이를 극복하며 왜곡될 여지가 있는 복음의 순수성을 잘 유지하여 전할 수 있느냐가 중요한 과제가 된다. 장남혁은 기독교 사역에 나타나는 샤머니즘적 태도와 가치들을 다음과 같이 살펴보고 있다.[18]

1. 종교 지도자의 신격화
2. 능력에 따른 특권의식
3. 능력의 현시에 집중하는 사역 형태
4. 능력의 분배자로 자처하는 사역자
5. 직관에 대한 지나친 의존
6. 영적 통찰력에 의존한 진로 결정

---

[17] 김윤규, 『다원종교문화와 현대영성목회』, (오산: 한신대학교출판부, 2010), 31-32.
[18] 장남혁, 『교회 속의 샤머니즘』, (서울: 집문당, 2007), 124-133.

7. 주술적 방식의 치유 사역

8. 기복적인 심방 사역

외형적으로는 기독교 신앙을 표방하고 있지만 사실상 신자들의 마음을 점령하여 기독교의 진리체계를 훼손하고 유일하신 하나님 신앙을 부정하는 이러한 샤머니즘의 실체를 정확하게 인식하고 제거하는 것은 아직도 한국교회가 안고 있는 현재진행형의 과제라고 할 수 있다.

이처럼 한국교회는 내외적으로 해결해야 할 많은 과제를 안고 있다. 데렉 티드볼Derek Tidball은 그의 책에서 각 서신별로 나타나는 사역의 특징을 규정하면서 사도행전은 각 교회가 적용할 만한 사역의 방법을 청사진처럼 보여주진 않지만 당대에 교회가 세워지는 것이 하나의 당면한 과제가 되고 성장이 명령이 되는 상황을 컨트롤하는 청사진은 제공하고 있다고 말한다.[19] 더 많은 교회가 개척되고 성장해야 하는 것은 맞는 것이지만 그러한 과제에 맞추어 모든 것이 정당화된다는 것은 매우 위험한 일이며 이러한 상황은 성경적 원리에 의해 컨트롤되어야 마땅하다. 이것은 마치 산업성장주의에 경도되어 주변의 환경이 황폐화되고, 드디어는 인간성마저 파탄을 맞는 경우의 위험성과 비교해볼 수 있을 것이다.

초대교회는 무풍지대에 세워지지 않았고 복잡한 환경 속에 탄

---

19 Derek Tidball, *Ministry by the Book* (IL, IVP, 2008), 104.

생하여 온갖 역경과 도전과 맞부딪치면서 성장하여 나갔다. 이것이 의미하는 바는 초대교회가 외적인 도전과 박해에 대하여 그러했다는 것인 동시에 교회 공동체성을 훼손하는 교회 내적인 도전에 대해서도 마찬가지였다는 것이다. 그러므로 초대교회가 보여주는 역동성을 본받아 세상 속에 있으나 세상에 소속되지 않고 성령의 능력으로 세상을 변화시켜가는 새로운 교회 공동체를 세우기 위해 보다 더 창의적이 되고 전략적이 되어야 한다. 그러기 위해서 이단성이란 언제나 교회의 안팎에 존재한다는 것을 의식해야 한다. 전도자들은 그들이 처한 상황을 주도하는 '공중의 권세 잡은 자'(에베소서 2장 2절)들과 그들의 방식을 잘 파악하여야 한다. 그 배후에는 어디에나 샤머니즘과 기복주의의 군사들이 매복해 있다. 이것이야말로 복음전도를 하면서 교회가 의식적이거나 무의식적으로 그들의 상황에 맞추어 (샤머니즘적으로 혹은 이교도적으로) 변질되어가는 것을 막는 길이다.

표2. 교회 사역 건강성 진단표

분야	질 문	평 가				
		매우 5	대부분 4	보통 3	다소 2	약간 1
예배	설교가 개인 기복주의 신앙이 아닌 주로 전체 교회의 사명과 건강을 다룬다.					
	우리 교회 찬미는 공동체의 화해, 치유, 결속, 사명에 대한 이해를 증진시킨다.					
	성만찬/아가페식사는 그리스도를 기념하고 성도들이 교제하는 데 중요하다.					
	전체적으로 예배를 통해 개인과 전체가 건강하게 양육되고 있다고 느낀다.					
돌봄 성장	소그룹이 소속감과 공동체 의식을 증진시킨다.					
	리더는 영적/정서적으로 안정되어 있고 잘 인도시키고 있다					
	우리 관심은 그룹만이 아닌, 전체 교회와 세계교회를 위해서 확장되고 있다.					
	소그룹을 통해 우리 교회의 사랑과 친밀지수가 높아지고 있다.					
교제	봉사는 의무인 동시에 소중한 권리라고 느낀다.					
	우리 교회 직분자들은 권위가 아니라 섬김의 정신으로 일한다.					
	봉사가 교회뿐만 아니라 지역사회와 하나님의 선교를 위해 확장되고 있다.					
사역 전반	우리 교회 재정 상태를 잘 알고 있다.					
	우리 교회 재정은 교회의 목적에 합당하게 쓰이고 있다.					
	나는 교회에서 소중하게 환대받고 있다고 느낀다.					
	우리 교회에서 성적, 사회적 지위에 따른 차별은 없다고 느낀다.					
	우리는 이웃의 다른 교회의 성장에도 관심을 가지고 있다.					
	나는 영적으로 많이 성장하고 있으며 가족관계도 더 견고해졌다고 느낀다.					
	우리 교회는 교회 자체가 아니라 하나님의 목적에 따라 움직이고 있다.					

작성자　남( )　여( )　출석연수　( )년 ( )개월　신앙연수　( )년

예배

기독교인으로서의 삶이란 교회 공동체로 귀속되어 섬기고 성장하는 것이다. 키프리아누스(Thascius Caecilius Cyprianus, AD. 200~258)가 "교회를 어머니로 모시지 않는 자는 하나님을 아버지로 모실 수 없다"고 한 말은 그런 맥락에서 이해되어야 한다.

제3장

각 시대의 전도

그리스도의 부활 이후로 기독교 선교 역사는 2,000년을 넘어서고 있다. 각 시대를 지나오면서 교회가 경험한 역사가 다르고 구체적 상황에 대응한 교회 공동체와 선교에 대한 이해와 초점은 사뭇 달랐다. 사실 역사적으로 교회가 전도에 무관심했던 적은 없었다. 그러나 전도에 대한 생각과 이를 구체적으로 담아내는 행동 양식은 각각 달랐다. 그러므로 먼저 기독교 선교 역사를 통해서 각 시대의 특징들을 살펴보는 것은 대단히 중요한 교훈과 영감을 우리에게 제공할 것이다. 여기서 초대교회로부터 현대에 이르기까지 각 시대의 교회 공동체가 가졌던 선교에 대한 이해와 노력들에 대해 살펴보고자 한다.

1. 초대교회 - 회심에 집중하다

초대교회는 생명력이 넘치는 교회였다. 그리스도의 부활을 목도한 세대와 성령의 역사를 체험한 사람들, 그리고 그들의 신앙과 체험을 직, 간접적으로 전수받은 세대가 공존하였다. 그들의 모임은 생생한 간증의 시간이었고 또한 그리스도 중심적인 삶을 다짐하는 자리였다. 그러므로 당연히 그들의 신앙태도와 전도활동은 매우 열성적이었을 것으로 추정할 수가 있다. 그러나 초대교회의 전도에 대한 방식과 태도는 우리의 일반적인 생각을 벗어난다. 의외로 초대교회는 전도에 대해서 우리가 생각하는 의미로 열심 있는 교회가 아니었다는 것이 학자들의 증언이다.

알렌 크라이더Alan Kreider는 초기 기독교인들에게 있어서 침례보다는 회심이 더욱 중요하게 여겨졌다고 하면서 "초기 신앙문답 교사들은 교회 공동체의 가치관이 전통적인 사회의 가치관과 다르다는 개념을 공동체에 전달하고 가르치려고 노력했다"[20]고 말한다. 그들은 오히려 교인들의 질적 수준을 일정하게 유지하기 위해 애썼다. 왜냐하면 은혜는 무조건적인 것이긴 하지만 받는 자의 입장에서는 아주 귀한 선물로서 신중하고도 소중하게 받아들여져야 한다는 것이 그들의 생각이었다.

기독교는 여타 종교와는 다르게 도를 터득하거나 교리를 익히는 것을 목표로 삼지 않는다. 물론 그것을 전혀 경시하지는 않지만 기독교 신앙의 가장 높고 최종적인 수준은 자발적으로 그리스도를 섬기고 그의 제자로 살아가는 것이다. 신앙이란 자기의 덕이나 의를 쌓는 것이 아니며 예배와 삶을 통해 유일하신 한 분 하나님의 영광을 드러내는 것이다. 이러한 의미에서 믿음의 표현인 전적인 헌신은

---

20 알렌 크라이더, 『회심의 변질』, 박삼종 외 역 (대전: 대장간, 2013), 66.

오직 온전한 회심에서만 가능하며 또한 역으로 모든 행위는 온전한 회심을 지향하는 것이다.

이런 면에서 초대교회는 기독교 신앙의 본질을 잘 이해한 공동체였다고 볼 수 있다. 그들의 전도는 공동체 전도가 특징이라고 할 수 있다. 그들이 이룬 교회가 매력적인 공동체여서 주변의 사람들이 자꾸 호기심을 가지고 공동체를 바라보았고 점점 더 많은 사람들이 공동체의 활동에 가담하게 되었다. 그들은 이후 자연스럽게 기독교 신앙을 받아들이고 주체적으로 신앙고백적 삶을 살게 되었다. 김선일은 초대교회에서 그리스도인이 되는 것을 '재사회화 resocialization로서 세례의 여정'이라고 부르며 아래와 같은 네 단계를 거쳤다고 한다.[21]

우선 회심 양육과정의 첫 단계로서 복음화 evangelization의 과정이다. 이 과정은 잠재적 신자가 기독교 공동체에 들어와서 지도자들에게 양육과 지도를 부탁할 때까지의 단계이다. 잠재적 회심자가 말씀을 듣고 배울 환경과 자세가 되어 있는지를 주로 점검하는 단계였다. 두 번째 단계는 신앙문답과정 catechumenate인데 교리와 관련된 내용을 학습하는 의미로 들리지만 실제로는 회심자의 행동양식을 새롭게 구성하는 일이었다. 신앙문답자는 체계적인 교리교육을 받는 게 아니라 주로 행동의 변화를 위한 모본과 자극이 될 이야기들을 접한다. 이 과정에서 그리스도의 새로운 법을 체화시

---

[21] 김선일, Ibid. 128-134.

키는 훈련에 주력했다. 위와 같은 신앙문답과정이 약 3년에 걸쳐 진행되면서 어느 정도 잠재적 회심자에게 행동의 변화가 정착됐다고 판단되면, 비로소 세례의식을 앞둔 교육이 시작된다. 이 세 번째 단계가 교화^{enlightenment}의 단계라고 할 수 있다. 주로 신앙의 내용에 초점을 맞추고 기독교 교리를 체계적으로 학습하는 과정이 진행되는 것이다. 이때는 영적이며 도덕적인 정화의식도 행해진다. 이렇게 해서 주로 부활절 새벽에 닭이 운 다음에 세례식이 거행되는데 수세자는 자신이 입고 왔던 옷을 모두 다 벗고 성부와 성자와 성령의 이름으로 기도하며 물속에 3번 잠기게 되는 것이다. 세례 이후의 단계는 신비입문식^{mystagogy}이라 할 수 있는 단계로 회심 후 구원의 신비를 더 심화시키는 과정이다.

그는 또한 불신자에서 그리스도인으로 급진적으로 바뀌는 경우를 '위기 회심'^{crisis conversion}으로, 점진적으로 변화되는 경우를 '여정 회심'^{journey conversion}으로 부르면서 어찌되었든 회심은 기독교인에게서 특별하고도 필수적인 요소라고 한다. 복음이란 결국 전인적 차원에서의 변화가 요청되는 것이다. 그것이 전도의 궁극적 목적이기도 하다.

> 초대교회는 기독교의 본질을 잘 이해한 공동체였다. 전적인 헌신은 온전한 회심을 통해서만 가능하다는 것을 알고 있었고, 역으로 모든 믿음과 행위는 온전한 회심을 지향한다는 것을 보여주었다.

이처럼 초대교회는 온전한 회심을 지향하고 이를 가장 중요하게 여긴 공동체였던 것이다. 그것은 그리스도를 통해서 받은 구원에 대한 적절하고도 타당한 반응이었는데 구원에 대한 감격과 이에 대해 취할 마땅한 태도는 회심 이외에 다른 것이 있을 수 없기 때문이다. 오늘날 교회 공동체가 그리스도를 통해 성취된 구원을 어떻게 이해하고 받아들이느냐 하는 것은 앞으로 그들이 펼쳐나갈 하나님의 선교와 매우 밀접한 관계를 가지고 있다고 보인다.

2. 크리스텐덤 – 주류 기독교시대의 빛과 어둠

가톨릭이 지배하던 중세는 기독교가 융성한 시대였다. 적어도 외형적으로는 그랬다. 기원후 4세기에 이루어진 콘스탄티누스 대제의 기독교 공인 이후에 두드러지게 되었던 크리스텐덤(Christendom, 기독교 국가)의 영화가 전성기를 이루었던 시기로서 기독교는 절정의 권력을 누렸지만 그만큼 그늘도 깊었던 시대였다. 콘스탄티누스의 기독교 공인의 결과로서 기독교는 사회의 주류가 되었고 기독교 신앙을 가지는 일에 있어서 이전과 같은 박해를 걱정하지 않아도 되었으며 그것은 전혀 부끄럽지 않은 일이었다. 또한 기독교는 국가의 통합을 이루는 정치적 도구로 사용되기도 하였다. 사실 콘스탄티누스는 통치 기간 20년 동안 침례를 받지 않았고, 신앙문답 과정도 거치지 않았던 황제였고 죽기 직전에 가서야 그리스도인이 되고자 고개를 숙였던 황제였다는 것은 잘 알려진 사실이다. 이 같은 역사적 사실은 그가 기독교에 호의를 가지고 기독교 신앙을 공인했다는 사실만으로 그의 신앙을 공인할 수 없게 만든다.

기독교 국가의 시대에는 오직 정치적인 이유나 사회적인 이유로 자신을 그리스도인으로 자처하는 사람들을 양산하였다. 기독교를 택하는 것은 신앙적 결단이나 회심보다는 그 시대를 살아가는 통과의례에 지나지 않았다. 자연스럽게도 기독교 신앙은 유전과 관습이 되었고 특별한 회심 없이도 자신이 그리스도인이라고 여기는 사람들이 비일비재하였다. 사실상 중세사회에는 '기독교인이 되라!'는 거대한 압력이 존재했던 시대였다. 교회는 사회를 좌우하는 권력층이었고 이러한 사회에서 기독교인이 되기를 거부하는 것은 많은 제약과 때로는 박해를 감수해야만 하는 일이었다.

이전에 비기독교적인 사회에서 압력과 핍박을 받던 교회가 이제는 비기독교적인 사람들을 감시하고 압력을 행사하는 거대 종교 체제가 된 것이다. 그러나 압력에 의해 신앙을 받아들이는 것은 부자연스러운 일이고 이런 부류의 신앙인이 성숙하여 그리스도인으로서의 자아상을 갖기는 힘들다. 그러므로 대다수가 기독교인인 사회였지만 그들이 진정으로 혹은 자발적으로 기독교 신앙을 받아들인 것은 아니라는 해석이 나올 수 있으며 또한 사실이 그랬다. 여기서 우리는 기독교가 사회의 다수가 되어야 사회를 변화시킬 수 있다는 논리의 비합리성과 허구성을 역사적 경험에서부터 발견할 수가 있는 것이다.

"어거스틴은 오직 소수의 그리스도인만이 진지하게 그리스도를 따르고자 한다는 것을 알고 있었다."[22] 이후로 이러한 현상은 가속화되었고 기독교는 세속국가처럼 되고 말았다. 로마 가톨릭이 국가의 통치와 유사한 형태의 권력 사용을 통해 크리스텐덤을 유지하려고 했던 것은 세속적 국가의 행태를 답습해갔던 것으로서 어찌 보면 당연한 귀결이었다.

> 다수의 기독교인을 만드는 것이 선교라는 환상은 결국 선교의 본질을 희석화시킨다. 선교의 목적은 다수의 기독교인을 만드는 것이 아니라 진정한 기독교인을 만드는 것이다.

알렌 크라이더는 말한다. "크리스텐덤의 백성에게 선택이란 존재하지 않는다. 그들은 지역의 권력을 잡은 자들이 '정통'으로 간주하는 기독교 공동체에 무조건 소속되어야 한다. 크리스텐덤 사회에서 선교는 거의 강조되지 않는다. 이는 교회가 자기 교인을 목양하고 그들의 구조를 유지하는 데 온 관심을 기울이기 때문이다."[23] 이

---

[22] 알렌 크라이더, Ibid. 133.
[23] Ibid. 182-183.

같은 사회에서 진정한 회심은 희귀한 일이 되었다. 종교는 제도화되고 관습화, 형식화되고 말았다. 이러한 틀을 깨고 "오직 믿음으로"만 의롭게 된다는 기치를 세우며 참된 믿음을 강조한 사람들이 종교개혁자들이었다.

3. 종교개혁시대 – 오직 믿음으로!

종교개혁자들은 당대의 모든 사람이 당연하게 받아들이던 가톨릭의 정치적, 교리적 지배 체계와 종교 시스템에 대하여 근본적 의문을 제기하였다. 종교개혁운동은 기독교인이 된다는 것이 교리에 대한 동의나 종교 체계에 대한 복종이 아니며 예수 그리스도에 대한 개별적인 믿음이라고 선언하여 중세사회 전체에 지각변동을 일으킨 운동이었다. 가톨릭이 지배하는 체제와의 격렬한 대결 속에서 전통과 관습, 종교 체계에 대한 복종에 길들여져 있던 사람들에게 자신들이 과연 진정한 신앙인인지 보다 진지하게 검토해볼 것이 요구되었다. 더욱 심각하고 단도직입적으로 말해서 종교개혁의 정신으로 보자면 심지어는 크리스텐덤의 정신적 지주이며 지배자인 교황조차도 기독교인이 아닐 수가 있었다.

홍주민은 "종교개혁은 중세 가톨릭의 성직계급이 가져왔던 교회 내 계급구조의 종말을 의미한다. 즉 만인사제직에 의거한 새로운 틀의 사고는 교회 안에서 뿐만 아니라 사회 직업윤리의 자의식을 변혁케 한 직접적 동인이 되었다고 볼 수 있다"[24]고 하여 종교개혁이 기존의 종교 체제뿐만 아니라 사회 전반에까지 영향을 미쳤음을 상기시킨다. 그러나 오늘날 목도하듯이 개신교회 내에서 계급주의적인 성직제도가 완전히 근절된 것은 아니다. 가톨릭과는 또 다른 형태의 성직제도가 여전히 교회에서 세력을 떨치고 있는 모습을 볼 수가 있다. 대형교회의 담임목사는 가톨릭의 추기경이나 주교 이상의 권세를 누리고 특정 교단의 감독이나 총회장은 종신 명예직에 해당한다. 또한 장로들은 평신도들보다 우월한 지위를 가지고 막강한 권력을 행사하고 있다. 이러한 모습은 종교개혁자들이 중세 가톨릭과 죽음을 각오하고 맞서 싸우며 몰아내고자 했던 것이지만 오늘날 또 다른 형태로 개신교회 안으로 회귀하고 있는 것이다.

"오직 믿음으로 의롭게 된다"는 선언은 성경적으로 볼 때 결코 낯선 것이 아니었지만 지금까지 전통적 신앙 체계에 안주해있던 사람들에게는 백주에 갑작스럽게 울려 퍼진 혁명의 나팔 소리와도 같게 느껴졌다. 이후로 행위와 제도에 기반을 둔 가톨릭적인 종교 체계, 그리고 믿음과 회심을 강조한 프로테스탄트의 혁신적 주장 사이에 치열한 투쟁이 전개되었다. 개혁자들의 이신칭의 교리는 더 나아가 이후에 성화의 가능성에 대한 논의가 격렬하게 이루어지는 데 단초를 제공하였다.

그 가운데서 마르틴 루터는 철저한 인간의 타락과 무능력을 강

---

[24] 홍주민, '종교개혁과 디아코니아', 「신학연구」 2004. 46호, 한신대학교출판부, 268.

조하고 하나님의 주권적 은혜를 강조한 신학자였다. "루터에게 있어서 구원은 하나님의 전적인 은혜의 행위를 통해 죄를 용서받는 데 있었다."[25] 한편 지형은은 "마르틴 루터가 '객관적이며 낯선 그리스도의 의를 지나치게 강조한 나머지 신자 개개인의 삶 속에서 일어나는 내면적인 의를 소홀히 취급했다'는 비판을 받는다"[26]며 그러나 그것은 오해이며 마르틴 루터가 선행과 실천을 강조한 신학자였다고 말한다.

때때로 종교개혁자들이 과연 제대로 된 선교신학을 갖추고 있었느냐는 의문과 더불어 타 지역 선교에 대하여 거의 노력을 기울이지 않았다는 비판을 받곤 한다. 그러나 종교개혁자들은 새로운 차원에서 선교에 힘쓴 사람들이었는데, 곧 자국어로 된 성경의 보급, 참 신앙을 주제로 한 문서를 발간하고 배포하는 데 힘쓴 일, 기독교 진리를 찬송으로 작곡하여 회중으로 하여금 익히도록 한 일, 등이 그것으로서, 종교개혁 시대에는 새로운 영성사역과 문화전도가 꽃을 피웠다고 볼 수가 있다. 회중이 스스로 말씀을 통하여 하나님 앞에 나아갈 수 있도록 신학을 정립하여 영성을 고양시키고 종교개혁의 메시지를 활자와 대중 설교, 자국어로 만든 찬양 등에 담아 전하는 데 활발한 노력을 기울였다는 것이다. 이를 통하여 회중들의 신앙적 수준을 끌어올리려고 부단히 힘썼다는 점이 종교개혁자들을 높이 평가할 만한 면이다.

---

[25] 롤란드 베인턴, 『에라스무스』, (서울: 현대지성사, 1998), 244.
[26] 지형은, 『갱신. 시대의 요청』, (서울: 한들, 2010), 91.

> 종교개혁의 선교는 일반적 의미에서는 활발하지 않았다. 그 대신 종교개혁자들은 그들의 개혁신앙을 전파하기 위해 찬송, 성서보급, 신앙서적 발간에 박차를 가했으며 이러한 노력은 회중들과의 커뮤니케이션이 더욱 중요하게 된 오늘날 선교양상에 선구적인 모습을 보여준다고 볼 수 있다.

그렇다고 하여도 '성화의 신학자'로 불리는 칼뱅을 포함하여 종교개혁자들이 전체적으로는 회중으로 하여금 기독교 신앙의 본질이 이신칭의임을 깨닫고 받아들이게 하는 사역에 역점을 두었던 것은 사실인 것 같다. 그런 면에서 종교개혁 시대의 전도란 다름 아닌 개종이었고 (교리적인 면에서의) 인식의 대전환이었다. 가톨릭적인 종교체계나 교리를 믿느냐 아니면 프로테스탄트의 이신칭의의 신앙을 받아들이느냐의 선택이 무엇보다 중요했다. 이후에 이신칭의 신앙은 다시 성화, 혹은 성결의 필수불가결성에 대한 논쟁으로 옮겨가게 된다.

4. 청교도 - 신앙과 삶을 조화시킨 실천가들

청교도 운동은 영국 국교회의 개혁이 미온적인 중도 노선에 머무른 것에 대한 반대로부터 시작되었다. 고든 스미스는 청교도 운동에 대하여 정의하기를 "영국 종교개혁 운동의 속도와 그 수준에 크게 실망한 청교도들은 종교개혁 운동의 내부에서 또 다른 개혁 운동을 추구하였다"²⁷고 말한다. 청교도들은 영국 교회 안에 여전히 남아 있던 로마 가톨릭적인 의식과 성례전 등에 불만을 표명하였으며 신앙생활에 있어서 성경 말씀만이 유일한 표준이라고 생각하였다. 영국 교회는 외형적으로는 가톨릭을 탈피한 개혁신앙적인 모습을 보이고 있었지만 그러나 내용적인 면에서는 가톨릭의 전통을 답습하고 있었고 제도나 예전 등에 있어서 상당 부분 닮아있었다. 바로 이러한 점에서 많은 신자들은 영국 교회에 불만을 가지게 되었고 보다 철저한 개혁을 요구하는 무리들이 청교도의 대열에 합류하게 되었던 것이다.

청교도들은 높은 수준의 윤리적 기준을 지키도록 요구하였는데 고든 스미스는 무엇보다 "청교도들은 여러 면에서 자신들의 신학적인 확신이 다양하게 갈라졌지만, 단 한 가지 문제에서는 의견 일치를 보았다. 곧 모든 그리스도인들에게 회심 체험이 반드시 필요하다는 것이었다. 청교도들의 위치와 중요성은 바로 깊은 회심 체험에 있었다"²⁸고 말한다.

청교도들은 개혁에 대한 이상을 품었는데 그것은 교회와 동시에 사회에 대한 것이기도 했다. 참 믿음이란 진정한 회심을 전제로 하는 것이며 또한 공적인 생활에서 높은 수준의 삶으로 표현되어야 한다는 것이 그들의 생각이었다. 이들의 이상은 성경적 진리에 의해 주도되는 교회와 국가를 실현하는 것이었다. 그러나 이러한 생각은

---

[27] 고든 스미스, Ibid. 156.
[28] Ibid. 157.

그들이 사회에서 세력화되는 것을 의미하지는 않았다. 그들은 기독교 진리의 힘을 믿었으며 사회의 다수가 되려고 하기보다는 신앙회복을 통해 이러한 이상의 실현이 가능하다고 생각했다. 결과적으로는 모든 영국인들을 살아있는 복음적 신앙으로 개종시키는 데 목표가 있었던 것이다.

그들은 일반적인 의미에서의 전도 자체보다도 진정한 그리스도인의 삶에 더욱 초점을 맞추었고 그런 면에서 초대교회적인 성격을 가지고 있었다고 보인다. 비록 성경적 진리체계로 새롭게 세워지는 교회와 국가를 꿈꾸기는 했지만, 청교도들이 진심으로 치열하게 생각하였던 것은 교회의 외적인 성장이나 숫자의 증가가 아니었으며 "얼마나 진실한 그리스도인이 될 수 있는가?"였다. 결과적으로 그들은 수많은 그리스도인들에게 영적 각성을 불러일으켰고 신앙의 실천으로서 끊임없이 교회 안팎의 개혁을 추구하는 그들의 정신은 시대를 불문하고 순수한 종교적 이상과 영감을 일깨워주고 있다.

> 교회사에서 청교도들의 위치와 중요성은 무엇보다도 깊은 회심 체험을 촉구하고 강조한 것에 있다.

5. 요한 웨슬리 - '진정한 교회'를 꿈꾼 혁신가

요한 웨슬리의 올더스게이트Aldersgate 회심 사건은 유명하다. 이 사건은 웨슬리로 하여금 죄에 대한 인간의 무력함과 그럼에도 불구하고 연약한 인간을 선택하고 변화시키는 하나님 은혜의 능력을 확신하게 하였다. 또한 하나님의 은혜에 대한 올바른 응답은 완전한 그리스도인이 되기 위해 각고의 노력을 기울이는 것이며, 완전한 그리스도인이 되는 것은 가능하다고 생각하였다. 그는 한때 하나님께 대한 순수한 신앙과 전도의 열정을 가졌음에도 불구하고 무력하게 오랜 세월 동안 방황과 방랑을 경험할 수밖에 없었다. 그러나 이러한 시기를 통하여 인간의 이성과 행위를 뛰어넘는 하나님의 주권적 은혜를 체험하였다. 그로 인해 그는 더욱더 하나님께 순종적인 신앙인이 되었고 하나님의 뜻이 교회의 영적인 부흥에 있음을 깨달았다.

그는 타성적 신앙생활에 빠져 있는 교인들과 세속적으로 물들어있던 교회를 개혁하기 위해 '교회 안의 교회'를 만들어 집중적으로 훈련을 시키고자 하였다. 그는 순회 설교를 통하여 기독교 복음을 열정적으로 증거한 전도자였고, 동시에 소그룹을 만들어 교회의 내적인 개혁과 성숙을 달성하려고 한 탁월한 개혁가였다. 그는 신도회를 만들어 평신도 지도자를 육성하였는데, 이러한 시도는 일정한 성직 교육을 받은 사람만 교회의 지도자로 인정한 당대의 교회 내에서 획기적인 일이었다. 그는 또한 조모임과 속회, 선택자회 등을 만들었으며 신자의 훈련과 지속적인 신앙 성장을 도모하였다.

웨슬리는 한 때 미국의 조지아 주 서바나에까지 가서 전도활동을 했던 사람이었다. 그는 대서양을 건너던 중 폭풍 가운데서도 평정심을 잃지 않고 기도하는 모라비안 교도들에게 깊은 감명을 받았는데 이러한 체험들은 허울뿐인 기독교인의 신앙에 깊은 회의를 가지게 하였고 하나님과의 직접적인 만남을 갈구하는 계기가 되었다. 그러던 중 올더스게이트에서의 극적인 체험은 웨슬리에게 있어서 자신을 주께 드리는 결정적인 전기가 되었다. 그럼에도 불구하고 그는 자신의 범상하지 않은 체험과 또한 이에 따른 의지적인 결단이 있었음에도 영적으로는 보다 신속하게 자신이 기대하는 만큼의 성숙을 이루지 못하고 과거의 상태를 반복하는 자신의 모습으로 인해 무척 상심하였다. 그가 종종 제도적인 틀 안에서나 일시적이고 감정적인 상태에서 이루어지는 세례나 개종에 큰 의미를 두기보다는 성화를 향한 신자의 자기 수행에 더욱 큰 의미를 두게 된 것도 바로 이러한 경험에 기인한 것이다.

이러한 자기반성이 열정적인 전도 이외에, 보다 체계화되고 조직적인 소그룹 운동을 통한 신앙의 실질적 성장 추구와, 복음에 대한 응답으로서 신자의 사회적 책임을 다하려는 뜻에서 사회복지 목회에 심혈을 기울이게 한 것이다. 그가 전도활동에 열심을 기울인 것도 사실이지만 그에게 있어서 무엇보다 중요한 것은 믿는 바를 삶 속에서 실천하는 것이었고 회심의 열매를 맺는 것이었다. 웨슬리는 그 어느 누구보다도 칭의 후에 신앙의 성장과 신자의 성화를 위해서 노력하였던 목회자였으며 개혁가였다.

> 웨슬리에게 있어서 중요한 관심사는 신앙의 성장과 성화를 이루는 것이고 완전한 그리스도인이 되는 것이었다.

웨슬리는 노동을 착취하는 공장을 비판하고 노예제도와 미성년자 고용의 폐지를 주장하였으며, 광부들의 노동 환경과 민중들의 삶의 환경을 개선시키시는 데 노력을 기울였다.[29] "웨슬리의 목회는 사회의 여러 측면에서 복음과 삶, 그리고 개인적 경건과 사회적 경건을 결합시키는 목회였다."[30] 웨슬리가 회심을 촉구하고 신앙인의 실제적 성장 및 실천에 역점을 두어 심혈을 기울였던 목회활동은 전도와 개종 이후의 신자의 성화에 대해 더욱 진지한 노력을 기울여야 한다는 점을 깨우쳐주고 있다.

6. 현대 - 대중적인 부흥사역과 교회 성장운동

현대의 전도는 부흥주의 운동에서 특히 두드러진 인물들인 찰스 피니Charles Finney와 D. L. 무디Dwight Lyman Moody, 그리고 빌리 그래함Billy Graham같은 인물들에서 그 전형을 찾아볼 수가 있겠다. 오늘날까지 심대한 영향을 끼치고 있는 이들의 전도활동의 특징을 김선일은

---

[29] 김영선,『경건주의의 이해』, (서울:대한기독교서회, 2013), 280.
[30] Ibid. 279.

"부흥주의Revivalism, 결신주의Decisionism, 즉각주의Instantism"[31]로 정의한다. 이들은 복음에 대한 인간의 결단의 중요성을 주장하는데, 이를 실천하려면 인간의 감정과 의지의 중심적인 역할이 강조된다는 특징을 가지고 있다. 이들은 열정적으로 복음을 전하고 즉각적인 결신을 요구하였으며 날이 갈수록 이러한 요청은 강화되었다. 그리하여 부흥집회에서 이들의 열정적인 설교를 보는 것과 결신의 초청 장면, 이에 응하여 강단 앞으로 나오는 결신자의 수는 중요한 이벤트와 관심거리가 되기도 했다. (이러한 모습은 지금까지도 한국교회의 부흥집회에서 흔히 볼 수 있는 장면이기도 하다.)

그러나 앞에서 살펴보았듯이 교회 역사 속에서 전도란 교회나 신자의 수를 늘리려는 필요성에 의해서 실천되기보다는 보다 자연스러운 모습을 가지고 있었다. 그것은 물론 교인들의 의식적인 노력과 열심 있는 전도자들의 헌신적인 사역에 힘입은 바도 있었지만 성경의 요청에 응답되는 신앙의 실천이라는 인과관계 속에서 자연스러운 결실로 나타나는 경우가 많았다는 것이다. 또한 교회 공동체 자체가 감당하는 여러 가지 사역들이 하모니를 이루어서 전도의 성과를 거두는 일들이 많았다.

그런데 이 부흥주의 시대를 기점으로 전도가 교회의 필요에 부응하는 특별한 기법이 되어버리고 만 것이다. 이러한 전도 운동의 계보를 형성하는 전도자로서 두드러진 인물들에는 원래 법률가였

---

31 김선일, Ibid. 219.

다가 회심하여 전도자로 뚜렷한 족적을 남긴 찰스 피니, 구두수선공이었으나 이후 작곡가 D. 생키와 결합하여 대중 전도집회를 이끈 D. L. 무디, 야구선수였다가 전도자로 변신하여 부흥운동에 앞장섰던 빌리 선데이William "Billy" Sunday, 그리고 지금까지 현대 전도집회의 전형으로 여겨지는 빌리 그래함 등이 있다. 이들의 전도집회의 특징은 열정적인 설교와 찬양, 청중들의 폭발적인 반응, 그리고 이어지는 강단 초청과 축복기도로 대별할 수가 있다. 이와 같은 모습은 카리스마적인 설교자에 대한 회중의 선망적인 시선과 교회성장이라는 현실적 욕구가 결합되어 무비판적으로 전도의 이상적인 모델로서 받아들여졌다.

> 부흥시대의 전도는 교회의 성장 필요성에 부응하는 형태로서 나타나 결신을 최고의 가치로 여기는 풍조를 확립하였고 오늘날까지도 한국 교회에 지대한 영향을 끼치고 있다.

이러한 풍조는 한국교회에서 전도의 필요성이 강조됨에 따라 여과 없이 받아들여졌으며 경쟁적 교세확장의 분위기 속에서 하나의 전형으로 받아들여졌고 모방되었다. 또한 풀러신학교의 피터 와그너와 같은 교회성장학파의 전도학 이론은 이러한 한국교회의 분위기를 가속화시키는 데 크나큰 역할을 했다고 보인다. 오늘날도 전도를 신자의 의무로서 강조하며 자신감을 불어넣기 위해 전도의 기법을 가르치는 교회를 심심치 않게 발견할 수 있다. '진돗개 전도'

니 '고구마 전도'니 하는, 이런 유형의 전도 세미나는 물론 한편으로는 전도에 대한 지속적인 관심을 촉발시키고 전도에 필요한 기본적인 자세와 기법을 신자들에게 전수하는 긍정적인 면도 없지 않으나 이에 못지않게 전도를 하나의 기술로 여기게 하거나, 특별한 은사나 기법을 갖춘 이들의 전유물로 여기게 하는 부정적인 측면도 가지고 있음을 간과할 수 없다.

근래에 들어서 이러한 전도방법이나 교회 성장주의에 대한 비판적 성찰이 줄곧 제기되고 있는데, 곧 전도라는 것은 한 사람을 인도하여 온전한 기독교인으로 이끄는 전체 과정 중의 하나일 뿐이며, 그러므로 전도가 불신자를 개종시키는 단순한 기법으로 여겨져서는 안 된다는 것이다. 이러한 생각에 온전한 회심과 성화의 필요에 대한 진지한 성찰이 담겨있음은 물론이다.

빌리 그래함 목사의 부흥집회 모습

그는 기독교 역사를 통틀어 가장 탁월한 부흥사의 한사람으로 손꼽히고 있다. 그러나 당대의 저명한 신학자 칼 바르트(Karl Bart)는 그의 부흥집회에 참석해 보고서 "그의 설교는 그리스도의 사랑이 아닌 마치 총구로 대중을 위협하는 것처럼 보인다"고 말했다.

제4장

전도의 제 요소

전도에 대해서 논할 때 결코 빠뜨려서는 안 되는 몇 가지 요소가 있다고 생각된다. 전도란 특정한 신앙적 경험을 가지고 기독교 교리 체계를 숙지한 전도자가 특정한 전통, 문화적 상황에 있는 객체에게 자기만의 전달 방식을 가지고 행하는 행위라고 할 수 있다. 누구든지 전도하겠다는 생각을 행위로 옮기고자 할 때에는 이와 같은 공통적 범주에서 전도 행위를 수행한다고 볼 수 있다. 이러한 면에서 볼 때 아래에서 논의하고자 하는 내용들은 군장병이라고 하는 특정 대상에만 국한된 것이 아니며 모든 전도자에게 공통으로 해당되는 것이다.

1. 전도의 주체 - 개인과 공동체

보통 '전도'라고 하면 그 대상자와 방법이 먼저 떠오르게 된다. 그런데 전도에서 복음의 전달자는 그 전도의 내용에 못지않게 중요하며 오히려 더 중요할 수도 있다. "나는 당신이 어떠한 사람인가를 알고 있습니다. 그러므로 내게는 당신의 말보다 그것이 더욱 크게 들려옵니다"라는 말은 모든 전도자가 마음에 담아두어야 할 문구이다. 처음 전도를 접할 때 전달자에게 가지는 호감도에 따라 사람들이 마음을 여는 정도는 크게 달라진다. 『노하우 & 노와이$^{Know-how\ \&\ Know-why}$』란 책에서 조 벽 교수는 말하기를 "학생들은 수업을 받는 것이 아니고 교수를 받아들인다. 사람이 기억되는 것이지 강의가 기억되는 것은 아니다. 교육의 질은 교사의 질을 능가할 수 없다"[32]라며 전달자의 중요성을 역설한다.

물론 복음은 전도자보다 우월하며 전달자에 의해 좌우될 수 없는 것이지만 처음 복음을 접하는 사람에게 있어서 전달자가 매우 중요하다는 것은 다시 한 번 강조되어야 한다. 그렇다면 어떤 전도자가 바람직하느냐는 질문에 대해서는 회심의 증거가 있는 사람, 내적 확신이 있는 사람, 좋은 전달의 기술을 가지고 있으며 배려심과 사랑이 충만한 사람, 사회적 평판이 좋은 사람이어야 한다는 점을 말할 수 있다. 먼저, 회심의 증거란 복음을 받아들이고 난 다음 인격과 생활에 실제적 변화가 일어났느냐는 것이다. 내적 확신이란 '성령께 근거한 열정'이라고 말할 수가 있는데 적지 않은 경우 성령이 아닌 소속된 단체 또는 자기 유익이나 동기에 의해 전도 행위가 발생할 수 있기 때문이다. 그리고 같은 내용의 복음이라도 전하는 자의 표현력이나 전도 대상자에 대한 이해도와 친절 정도에 따라 전혀 다른 결과를 가져올 수가 있으며 좋은 인간관계를 유지하고 있는 사람이 더 좋은 전도자로 받아들여진다는 것은 새삼 얘기할 필요가 없을

---

32 조 벽, 『노하우 노와이』, (서울: 해냄출판사, 2010)

것이다.

또한 개인에 못지않게 그의 소속이 중요한데, 개인은 항상 어떤 배경을 가지고 등장하게 마련이며 전도자에게 있어서는 더욱 그러하기 때문이다. 이를테면 비즈니스에 있어서 신뢰도가 있는 기업에 속해 있다든지, 외교에 있어서 호감도가 높은 국가에 속해 있다든지 하는 것들이다. 이와 같은 견지에서 복음을 전하는 데 있어서도 복음의 전달자가 속한 공동체는 매우 중요하다. 복음을 전할 때 개인의 신뢰도는 물론 공동체적 배경을 가지고 전하게 되기 때문이다. 복음을 전달 받는 사람은 그 개인만을 보는 것이 아니라 전체 교회에 대한 이해를 가지고 그를 만나게 되기 때문에 교회 전체에 대한 이미지나 이해는 매우 중요하다. 그런 점에서 교회가 쇠퇴했던 시기에 겪었던 신자의 이탈과 전도의 어려움은 전도자 개인의 문제라기보다는 교회 공동체 전체의 문제였다고 보아도 무방할 것이다. 반면에 교회 공동체가 사회적 신뢰와 매력을 유지했을 때에는 공동체 자체가 불신자들을 끌어당기는 힘을 발휘할 수 있었던 것이다.

이런 면에서 교회 공동체는 전도의 대상자로서의 사회가 교회에 기대하고 요청하는 것이 무엇인가에 대하여 민감해야 한다. 이를테면 교회 세습이나 요즘 문제가 되고 있는 목회자 세금납부 문제에 대해서도 "교회의 일에 왜 바깥사람들이 간섭하는가?"라는 고압적 자세를 취하거나 변명을 일삼는다면 결코 교회는 사회적 호의를 얻지 못할 것이다. 사람들이 교회를 일반적 사회 상식의 범주에서조차 벗어나 있다고 여기게 된다면, 기독교 교리의 독특함을 설명할 기회조차 갖지 못 하게 될 것이기 때문이다. 따라서 교회나 목회자의 세금 납부는 교회에 따라서는 어려운 문제점을 가지고 있긴 하지만 보다 전향적으로 접근해야 할 때가 된 것으로 보인다. 예수께서는 "또 누구든지 너로 억지로 오리를 가게 하거든 그 사람과 십리를 동행하고 네게 구하는 자에게 주며 네게 꾸고자 하는 자에게 거절하지 말라"(마태복음 5장 41절-42절)라고 말씀하셨다. 무엇을 억지로 권하는 사람에게도 이런 호의를 베풀어야 한다면, 전도하고자 하는 대상자들에게 상식적인 선에서 양보하고 호의를 베풀어야 하는 것은 교회로서는 당연한 일이라고 하겠다.

> 교회 공동체는 교회 바깥 사람들의 기대와 요청에도 민감해야 하는데 그것은 다름 아닌 그들이 바로 전도의 대상자이기 때문이다.

2. 전도의 내용 - 복음과 교회의 가치

복음의 내용은 무엇보다 중요하다. 복음을 전하고자 한다면 당연히 그 내용으로서 하나님의 사랑과 예수 그리스도를 통한 구원이 증거 되어야 한다. 그러나 당연하게 보이는 사실이라도 실상은 그렇지 못한 경우도 허다하다. 막연하게 "예수 믿으면 복을 받는다"는 식의 기복주의 신앙을 전하는 것은 기독교 신앙을 싸구려 복주머니로 환원시키는 일이며, "예수 안 믿으면 지옥 간다"는 식의 전도는 자칫 복음이라기보다는 정죄나 협박이라고 받아들여질 수가 있을 것이다. 또한 막연하게 "누구에게나 하나의 종교는 필요하다"라고 전하는 것은 기독교의 진리를 선택 가능한 여러 가지 상품 중의 하나로 깎아내리는 표현이 되고 말 것이다.

또한 너무나 주관적인 체험 위에 기독교 신앙을 전하는 것도 삼가야 할 것이다. 개인의 종교 체험이 그 체험자에게는 특별한 것이긴 하나 그것이 기독교 신앙을 완전하고도 포괄적으로 담아낸다거나 믿음의 전제가 될 수는 없는 것이기 때문이다. 또한 특정한 교회에 소속시키는 것이 복음 전파의 최종 목표가 되어서도 안 된다. 이것은 과거 가톨릭의 제도에 속하는 것이 하나님의 나라에 속하는 것처럼 생각되던 시대를 따라가는 것에 다름 아닌 것이다.

오늘날도 적지 않은 기독교 신자들이 교회에 소속되는 것으로 안정감을 느끼는 경우를 볼 수 있다. 그러나 그런 면에서라면 지금도 가톨릭은 가장 모범적인 교회일 것이다. 가톨릭의 제도는 분명히 일관성과 일체감, 안정감이라는 장점을 교인들에게 제공하고 있다. 그럼에도 그것은 믿음의 본질적인 요소는 아니다. 왜냐하면 믿음이란 '신 앞에 단독자'로 서는 것이고 제도나 관계에 소속되었을 때 느끼는 인간적인 안정감과 편의성을 탈피하는 것이기 때문이다. 또한 안정감이란 명확성과 떼려야 뗄 수가 없는 것이다. 명확하지 않은 진리나 제도 가운데서 느끼는 안정감이란 위선적인 것이고 허구적인 것이다. 그럼에도 오늘날 많은 개신교회 신자들은 (그들이 그렇게 공격해 마지않는) 과거 가톨릭적인 신앙 행태로 회귀하려고 하고 있다. 곧 제도로서의 교회에 소속함으로 안정감을 느끼는 것이다. 전도의 목적도 그 대상자를 결국 어떤 특정 교회에 소속시키려는 노력으로 귀착되어버리고 만다면, 하나님 나라 시민을 특정 교단이나 교회의 멤버십으로 축소시키는 매우 안타까운 일이 아닐 수 없다.

전도자는 기독교의 진리가 왜 복된 소식인지 확신을 가지고 논리적이고 체계적으로 전하되 겸손하게 전하는 것이 바람직하다. 복음 전도란 바꿔 말하면 이웃에 대한 사랑의 행위이다. 요한복음 3장 16절은 "하나님이 세상을 이처럼 사랑하사 독생자를 주셨으니 이는 저를 믿는 자마다 멸망치 않고 영생을 얻게 하려 하심이라"고 말씀한다. 이처럼 하나님의 선교는 사랑에서 출발하였다. 그러므로 사랑이 없는 복음 전도란 있을 수 없으며 있어서도 안 된다. 사도 바울은 "사랑은 자기의 유익을 구치 않는다"(고린도전서 13장 5절)고도 했다. 그렇다면 전도자가 자기 소속의 유익이나 보상의 유익이나 자기감정의 유익을 구한다는 것은 있을 수 없으며 보다 상호적이고 상대를 배려하는 전도 행위를 하는 것이 바람직하다. 전도 대상자에 대하여 권위적이고 일방적인 태도가 아니라 상호적이어야 하며 쌍방 간에 정서적인 유대감이 형성되어야만 더욱 효과적인 전도가 될 수 있는 것이다.

여기서도 교회 공동체는 대단히 중요한 위치를 차지하게 되는데 그 까닭은 복음을 듣는 사람이 교회에 대한 전이해를 가지고 있을 뿐만 아니라, 신앙생활을 한다는 것은 독립적인 사색과 활동을 하는 것이 아니라 특정한 교회 공동체에 소속되는 것을 의미하기도

하기 때문이다. 그러므로 일반적으로 전도자는 복음과 더불어 특정 교회에 소속되어 생활하는 것의 가치를 함께 전하게 되는 것이다. 그러나 앞에서 경계한 것처럼 특정 교회에 속하게 하는 것이 전도의 최종적인 목표가 되어서는 안 된다. 전도자는 자기 신념이나 이해관계를 초월하는 거시적 관점을 가지고 있어야 하며 개교회주의와 교파주의를 지양해야 한다.

> 전도의 궁극적인 목적은 구원받은 하나님 나라의 시민으로 만들려는 것이지 특정 교단이나 교회의 멤버십에 가입시키는 것이 아니다.

3. 전도의 대상 - 분석과 소통

복음을 전할 때 대상에 대한 이해는 매우 중요하다. 설교에 있어서도 청중 분석이 이루어져야 하는데, 같은 내용을 가지고도 청중 분석이 되지 않아서 접촉점을 상실한 채 일방적인 주장이나 공허한 독백이 되어버리고 말 수 있기 때문이다. 설교가 성경 텍스트와의 소통이 단절된 채, 청중과의 교감을 무시하면서 진행된다면 그것은 웅변이나 독백, 선동에 가까울 것이다. 박근원 교수는 "설교는 일방적인 독백이 아니고 쌍방 의사전달의 복합 커뮤니케이션임을 다시 인식해야 하겠다. 본래 설교도 그랬지만 오늘과 같이 매체에 지배받는 인간들에게는 더욱 그렇다. 재래적인 형태로 설교를 한다 해도 내용과 방법에 있어서 회중의 문제를 확인하고 그 물음에 대한 복음적인 대답을 주는 쌍방적 노력이 필요하다"[33]고 하여 설교의 대화적 성격 혹은 상호성을 강조한다.

　이것은 설교에 대한 이야기지만 전도에 대해서도 적용할 수 있는 내용이라고 생각된다. 전도에서도 쌍방적인 노력이 필요한데 그러기 위해서는 우선 전도자가 듣는 사람들로 하여금 개방적인 자세를 가질 수 있도록 많은 노력을 기울여야 할 것이다. 듣는 사람들의 특성이 충분히 고려되어야 하고 탐색되어야 하는데, 이는 전도의 대상자에 따라서 복음이 달라진다는 것이 아니라 강조점과 전달 방법이 달라질 수 있기 때문이다. 그러므로 전도자는 상대방의 지적 상태, 정서적 상태, 육체적 상태, 상황적 상태를 충분히 점검하고 자연스러운 접촉점을 형성하도록 노력하여야 한다. 전도는 한 사람을 그리스도께로 이끄는 것이기에 그리스도 중심적인 관점을 놓쳐서는 안 되는데, 이 말은 곧 그분이 드러나도록 해야 한다는 것으로, 전도의 전 과정은 성령의 인도하심을 느끼며 적절하게 이루어져야 한다.

　김선일은 "회당에서의 바울의 설교가 구약과 그리스도 중심이라면, 사도행전 14:15~17에서의 설교는 자연과 창조주 중심의 논리를 담고 있다"[34]고 하며 대상자에 따라 그리스도의 복음을 전하기 위한 접촉점이 달라진다고 한다. 이때 전도자는 어디까지나 복음을 듣는 사람에 대해 이해하고 도와준다는 자세를 견지해야 한다. 신앙적

---

[33] 박근원, 『오늘의 설교론』, (서울: 대한기독교출판사, 1998), 37.
[34] 김선일, Ibid. 76.

우월감을 갖거나 전도 대상자를 설득하여 개종을 시켜야겠다는 일념에 사로잡혀서도 안 된다. 한 사람을 듣게 하고 깨닫게 하며 변화시키고 구원하는 일은 오직 성령께서만 하실 수 있다는 겸손한 생각으로 인내하고 절제하여야 한다. 또한 무엇보다 전도자는 소통에 대한 노력을 경주해야 하는데, 이것은 언어적인 노력이나 설득만을 말하는 것이 아니다. 상대방을 온전한 인격체로 받아들이고 그의 삶 전체를 인정하고 배려하며 존경하는 상태에서 복음 전하는 것을 전제하는 것이다. 비록 전도 대상자가 나이 어린 어린이라 할지라도 강요, 회유, 기만의 요소가 가미되어서는 안 되며 전도는 철저한 존중의 상태에서 이루어져야만 한다.

> 전도는 한 사람을 그리스도께로 이끄는 것이기에 그리스도 중심적인 관점을 놓쳐서는 안 되는데, 이 말은 곧 온전히 그분만이 드러나도록 해야 한다는 것으로, 전도의 전 과정은 성령의 인도하심에 따라 적절하게 수행되어야 한다.

4. 전도의 방법 - 기법이 아닌 공감

　복음을 전달하는 자가 듣는 자를 이해하고 사명감에 불타 있다 하더라도 전달하는 방식이 서툴거나 잘못되면 좋은 결과를 기대하기 힘들 것이다. 이를테면 '지옥불 예화' 같은 것을 들 수가 있겠는데, 전도자가 대뜸 "예수를 믿지 않으면 진노의 하나님이 펄펄 끓는 지옥불에 던져 넣으신다"고 겁을 잔뜩 주는 방식을 말한다. 이 같은 예는 죄의 무서움과 참상 및 그 결과가 보다 충분히 이해되지 않은 상태에서는 듣는 사람으로 하여금 하나님 이미지에 대한 혼란을 일으키게 할 수 있다. 곧 '망설임 없이 징벌을 내리시는 무자비한 하나님' 이미지를 각인시키거나 전도자가 가지고 있는 바, 불신자가 당해야 마땅하다고 여기는 처벌에 대한 감정이입으로 말미암아 전도 대상자로 하여금 복음을 듣게 하기보다 먼저 전도자의 징벌적 인격을 만남으로써 혼란을 일으킬 수도 있는 것이다. 그러므로 전도자는 성급한 열정에서가 아니라 전도의 대상자를 충분히 이해하고 그들의 상태를 공감하는 상태에서 복음을 제시해야만 한다.

　또한 아무리 박식한 전도자라 할지라도 성경의 모든 본문을 알고 세상의 모든 문제에 대한 해답을 제시할 수는 없는 것이므로 자기 한계를 인식하고 적절한 선에서 전도방식을 정하는 것이 좋다. 왜냐하면 문제의 해결은 성경의 진리에 있는 것이지 전도자의 지식과 언변에 있는 것이 아니기 때문이다. 또한 무턱대고 "예수를 믿으면 모든 문제가 해결된다"는 식의 전도 방식도 좋은 방법이라고 말할 수 없을 것이다. 물론 예수 그리스도가 모든 삶의 문제의 열쇠가 된다는 것은 맞는 말이긴 하지만, 그것이 곧 세상적인 방법으로 모든 욕망과 문제를 해결해주신다는 것은 아니며 신앙적 차원에서 숙고해야 할 과제들이 많이 있다는 점을 주지해야 한다.

박근원은 "오늘의 문화가 공감적 이해를 절대시하고 있다"고 말하며 참여가 가장 좋은 의사 전달의 방편이라고 한다. 그러므로 "현대 커뮤니케이션의 이론에서 발신자와 발신자 사이의 반응, 상호작용, 쌍방 통행 등이 강조되는 것도 이 때문이다"[35]라고 한다. 그는 또한 종교적 상징도 좋은 활용 가능성을 가지고 있다고 말하는데 이 또한 설교에 대한 내용이지만 전도에 대해서도 적용할 수 있다고 본다.

> 전도자는 전도 대상자가 예수 그리스도를 만나기보다 먼저 전도자의 징벌적 인격을 만남으로써 혼란을 일으키게 해서는 안 된다. 또한 자신의 한계를 겸손히 자각하여 성령의 인도하심을 따라야 한다.

창녕 영락교회의 전도폭발팀은 노인을 대상으로 전도할 때 "팔찌 전도법"을 적용하였다고 한다. 흰색은 창조 시의 인간과 하나님의 관계를 묘사하는 것이고, 검정색은 인간의 타락으로 생겨난 실낙원의 세계와 인간의 형편을, 그리고 붉은색은 십자가를 통한 인간의

---

[35] 박근원, Ibid. 39.

죄의 용서와 구속을, 그리고 초록색은 구원의 삶을 묘사하게 하였다고 한다. 이것은 시각적 효과와 아울러 보다 뚜렷하게 기독교 진리를 마음에 새기도록 도울 수 있는 좋은 방법이 될 수 있다고 본다.

전도에 있어서 상대방으로 하여금 마음을 열게 하려면 전달받는 사람이 존중받고 이해되고 있으며 사랑받고 있다는 느낌을 가지도록 해야 한다. 그러기 위해서는 상대방을 가르치고 자신의 생각에 찬동하게 하려는 태도보다는 상대방의 입장에서 경청하고 공감하는 자세가 필요하다. 전도자는 자신이 문제의 해결자가 아니며 단지 그리스도의 안내자임을 항상 인식하고 있어야 한다. 미국의 작가인 이디스 워튼Edith Wharton은 "빛을 퍼뜨릴 수 있는 두 가지 방법이 있다. 촛불이 되거나 그것을 비추는 거울이 되는 것이다."라고 말했다. 복음 전도에 있어서 전도자의 역할은 빛 자체가 된다기보다는 거울의 역할에 충실하는 것이다.

전도의 방법은 선포방식이 될 수도 있고 이야기식이 될 수도 있다. 논리적인 틀을 갖추는 것이 특히 필요한 경우도 있을 것이다. 그런가하면 구도자적인 프로그램이 전도에 효과적일 수도 있다. 지금까지 살펴본 전도의 요소들은 어느 상황에 있는 전도자일지라도 유용한 자기 점검표의 역할을 할 수가 있을 것이다. 뒤에서 다시 논할 것이지만 청년 장병들에 대한 복음 전파는 앞의 네 가지 요소를 충족시키면서도 특별히 그들이 군생활을 하는 여건 가운데서는 심리적이거나 정서적으로 격려와 도움이 많이 필요하다는 것이 고려되어야 한다. 또한 다종교, 다문화의 시대를 살아가는 청년 세대의 정서적, 문화적 욕구 같은 특징들이 세심하게 배려되어야 할 것이다. 김선일은 어떤 시대를 살아가는 사람일지라도 복음이 필요하지 않은 사람은 없음을 설득력 있게 말한다.

> 한편으로 현대인들은 개인주의를 더 편하게 생각하며 익명으로 단절된 삶을 사는 듯 하지만, 그들의 내면 깊은 곳에는 오직 하나님께서만이 채워주실 수 있는 큰 구멍이 있다. 사람들은 자신들의 이야기를 들어주길 원하며, 누군가가 자신에게 관심을 갖고 인정해주길 원한다. 따라서 기독교의 진리를 논리적이고 체계적으로 증거 하는 일도 중요하지만, 이 증거는 반드시 진정성 있는 관계의 프레임 안에서 이루어져야 한다. 사람들은 증명되는 진리보다 체감되는 진리를 원하기 때문이다. 사람들은 상대로부터 자신이 보살핌을 받는다는 느낌을 가져야만 듣게 되어 있다.[36]

이와 같은 통찰은 포스트모더니즘 시대를 살아가는 청년장병들에게도 여전히 유효한 것이라고 생각된다. 질풍노도의 시기를 막 벗어나고 있는 청년들도 여전히 육체 능력의 한계, 미래에 대한 불안, 가치관의 혼란, 헝클어진 관계로 인한 상처 등으로 고통을 겪고 있다. 그리스도의 복음이 불필요하거나 구원이 무가치한 사람은 한 사람도 없다. 이러한 대전제 하에 우리는 현실적인 필요성에 의해서가

---

36 김선일, Ibid. 256.

아니라 성령의 인도하심에 이끌려서 '상처받은 영혼'에게 다가가는 가장 성경적인 내용과 방식을 찾아내야 한다. 그리스도의 사랑의 마음으로, 복음이 꼭 필요하지만 아직은 구원이 무엇인지조차 깨닫지 못하고 듣지 못한 사람들에게, 특별히 다가오는 세대를 짊어져야 하지만 지금은 자신이 처한 환경조차 감당하기 버거워하며 비틀거리는 청년장병들에게 나아가야 하는 것이다.

전도는 기법이 아니라 공감이고 사랑으로써 영적 우정을 맺는 과정이다. 이 점을 잊지 않을 때 조급함과 부담감을 떨쳐버릴 수 있으며 자연스러운 관계 맺기에 성공할 수 있을 것이다.

제5장

군선교의 역사

　청년 장병들에 대한 전도 전략을 논하기 위해서는 먼저 그동안의 군선교 역사를 간략하게나마 살펴보는 것이 좋을 것 같다. 특히 현재 진행 중인 전도 운동의 개념이나 전도 방식의 신학적 타당성을 검토해보고 장단점을 따져보는 것이 필요하다고 본다. 이러한 과정을 거침으로써 진정한 반성과 성찰을 담은 새로운 군장병 전도의 패러다임에 도달할 수 있을 것이다.

1. 전군 신자화 운동

　우리나라 군선교 사역은 1948년 해군의 손원일 제독의 제안으로 정달빈 목사로 하여금 군종사역을 시작하게 했으나, 공식적인 군종목사 제도는 기독교 신자가 불과 전체 국민의 5~6%에 불과한 시절이었던 6.25 전쟁 중에 창설(1951년 2월 7일 국가제도로 육군에서 시작) 되었다. 이종윤 목사는 "1969년 당시 1군사령관 한신 장군에 의하여 '1인 1종교갖기'라는 '전군 신자화 운동'이 일어나면서, 한경직 목사를 비롯한 백낙준 박사, 김옥길 총장 등이 나서서 이미 1965년

김활란 박사에 의해 시작된 '전국 복음화운동'의 민족 복음화운동에 발맞추어 본격적인 '60만 국군장병 복음화운동'이라는 새 역사를 만들어가기 위해 초교파 범교회적으로 '한국기독교군선교연합회'가 설립되었다"[37]라고 말한다.

그러나 보다 정확하게 말하면, 1972년에 '전군신자화후원회'가 설립되어 초대 회장을 백낙준 목사가 맡았고, 1974년에 제2대 회장으로 한경직 목사가 취임하였으며, 1976년에 명칭을 '군복음화후원회'로 개칭하여 상당 기간 사용하다가, 1999년에서야 현재의 명칭인 '군선교연합회'를 사용하게 된 것이다. 이종윤 목사의 주장과는 사뭇 다르게 처음부터 범교단이 모여서 군선교연합회를 구성한 것은 아니며 점차 군선교를 주도해나감에 따라 여러 교단이 이모저모로 가담하게 된 것이 실상이다. 현재 다수의 한국교회들과 군선교 관계자들, 군인신자와 군목들은 그동안 군선교에 나름대로의 역할과 공적을 쌓아온 군선교연합회가 민주성, 투명성, 효율성, 전문성을 갖춘 범교단적 선교기관으로 거듭나기를 기대하고 있다.

'전군 신자화 운동'은 장병들에게 신앙을 가지도록 함으로써 정서적 안정을 도모하고 군인으로서 목숨을 바쳐 적과 싸워 이길 수 있다는 사생관으로 무장시켜 군의 안정과 무형적인 전력을 강화해야겠다는 지휘부의 의도에서부터 출발되어 추진된 것으로, 구체적인 전도방안 제시와 운동의 조직화는 많이 미흡하였다. 당시의 상황

---

[37] 이종윤, '비전2020실천운동의 역사적, 비평적 연구', 「군선교신학」 11호, 2013년, 15.

에 대해 1969년부터 3년간 군목생활을 한 정성구 교수는 회고하기를 "당시 1군 야전사령관 한신 장군은 믿는 사람은 아니었지만 북한과 대결하고 있는 우리 국군이 전쟁에서 이기기 위해서 필요하다며 '정신전력강화', '신앙전력화'의 깃발을 높이 들었다. 또한 그것은 당시 박정희 대통령의 뜻이기도 했다. 이런 메시지는 일선 부대장과 군목들에게 새로운 과제가 떨어진 셈이었다"[38]라고 말한다.

전군 신자화 운동이 전개되면서 이에 대한 비판과 도전도 점차 심각해지고 있었다. 주로 비판의 내용은 일부 종교계와 교단에서 제기하는 '부실 신자의 양산'이라는 비판이었다. 기성 교회에서 세례 교인이 되려면 교회 출석 후 6개월 이상이 된 자에게 학습을 베풀고 학습을 받은 지 6개월 이상 무흠한 신앙생활을 한 사람에게 세례문답을 실시하며 개인적인 신앙고백을 들은 후에 세례를 베푸는 것이 통례였는데, 이에 위배된다는 것이었다. 적지 않은 교단과 교회에서 이에 대한 문제 제기를 하였으나 군장병 전도의 상황적 특수성과 또한 군종병과의 위상 제고 및 신자 증가라는 현실적 유익의 측면에서 전군 신자화 운동은 더욱 가속화되었다.

이에 반하여 전군 신자화 운동이 군내는 물론 국민의 총화단결을 저해한다는 비판이 점차 증가하게 되었는데, 즉 신자화 운동의 과열이 기독교, 천주교, 불교 등 군대 내에 군종장교를 파송한 종교 간의 상호 경쟁으로 인한 불화를 심화시키고 군종장교를 파송하지

---

[38] 정성구, '초기 전군 신자화 운동의 비화', 「군선교신학」 9호, 2001년, 305.

못한 군소 종교단체에는 선교의 기회조차 주어지지 않아 국민 총화를 해치는 것이라는 '신자화 운동의 폐지론'이 그것이다.

      1972년 4월 21일 군 첩보기관으로부터 전군 신자화 운동에 대한 아래와 같은 분석 보고가 있었다.
- 기독교를 제외한 여타 종교는 성직자가 배치되지 않아 군 종활동 침체
- 특정 종교에 대한 강요 내지 편파적 보급으로 가짜 신자 발생

이어 군종병과 폐지론까지 대두하게 되었는데 1973년 5월 천도교 중앙본부 교령 최덕신, 대종교 총본사 총전교 맹천주가 군종병과를 폐지하도록 건의문을 대통령께 올린 것이었다.[39]

이렇듯이 전군 신자화 운동은 군 지휘부의 필요에 의해서 시작되어 지휘 계통을 통하여 군장병들의 종교집회 참석 권장이 주된 내용이었고, 이에 부응하고 기회를 잘 활용하기 위해 군목들이 장병 신자화와 세례운동에 열심을 내었던 운동이었다. 이로 인해 군목들의 활동을 촉진시키고 그 위상을 세워주는 데는 적지 않은 역할을 한 것으로 평가할 수 있다. 그러나 이것은 기독교만의 운동이 아니라 말 그대로 전체 군장병들에게 하나의 종교를 갖게 하자는 취지였기 때문에(천주교는 개신교와 50년대 초반의 비슷한 시기에, 불교도 1968년에

---

[39] 육군본부, 『군종 50년사』, (육군인쇄창, 2003), 91-92.

이미 군종장교를 군에 보내고 있었다.) 기독교만의 특별한 선교운동으로 분류하기엔 부족한 점이 많았던 것이 사실이다.

2. 비전 2020실천운동

어떤 운동이 효과적으로 전개되려면 명실공히 그 운동의 토대가 되는 신학과 구체적인 실천 방안으로서의 전략 및 행위 가담자로서의 조직 및 이를 운용하는 철학과 강령, 평가방법론이 있어야 한다고 볼 때, 앞의 '전군 신자화 운동'은 하나의 캠페인을 넘나드는 수준에 머물렀다고 할 수 있겠다. 물론 전군 신자화 운동도 나름대로의 실체를 갖추고 추진되기는 했다고 보이지만 기독교만의 선교적 특성은 그다지 강하지 않은 운동이었다. 그야말로 전체 장병들로 하여금 하나의 종교를 선택해서 생활하게 한다는 큰 틀을 정해놓고 각각의 종교가 열심을 다하는 형태였다고 볼 수 있을 것이다. 그런 면에서 본격적인 군전도 전략이 담긴 운동은 '비전 2020실천운동'이라고 볼 수 있다. 이 운동에서 비로소 장병전도운동의 한 전형을 발견할 수가 있는 것이다.

A. 개요와 특징

비전 2020실천운동은 군장병 전도의 중요성을 인식하고 있던 이필섭 합참의장 등에 의해 제안되고 추진된 운동으로, 내용을 종합해보면 다음과 같다. 1996년 기준 한국교회 신자수를 1,200만 명이라고 할 때 매년 장병 22만 명을 전도하여 세례교인으로 만들고 사회에서 세례 받고 들어오는 장병들이 최소 3만 명에서 5만 명이라고 볼 때, 매년 평균 25만 명의 기독장병들을 사회로 환원하면, 장차 2020년을 기준으로 25년간 625만 명이 된다. 군 세례 신자가 친구, 부모, 배우자, 자녀 등 최소한 3명 이상에게 복음의 영향력으로 전도의 결실을 맺으면, 본인 포함하여 625만 곱하기 4가 되어 그 합계가 2,500만 명이 된다. 1996년 당시 기독교인의 수가 1,200만 명이니 여기에 2,500만을 합하면 3,700만 명이 된다. 이 인원은 전체 국민을 5천만 명으로 계산했을 때 전 국민의 75%가 된다는 것이었다.

대략 살펴본 바와 같은 취지에서 비전 2020실천운동은 1996년을 기점으로 당시 전 국민의 25%인 기독교 신자를 2020년에는 75%로 늘려 기독교 국가를 건설하자는 목표로 시작되었다. 1998년에는 '비전 2020실천운동본부'가 (사)군선교연합회에 개설되어 본격적인 운동 전개에 들어갔다. 이종윤 목사는 "이러한 진중세례운동의 성공을 위해 군인교회는 전도와 세례운동에 집중하고, 일반교회는 기도와 물질 후원에 힘쓰며, 군선교연합회는 세례받은 군인신자를 일반교회와 연결시켜 관리하도록 역할분담을 균형감 있게 추진한다면 '비전 2020실천운동'의 목표는 성취된다"[40]고 자신 있게 역설했다.

---

40 이종윤, '비전 2020실천운동의 신학적-실천적 고찰', 1998년 2월 23일 비전 2020실천운동본부 개설예배 특강자료

그럼에도 불구하고 이 기간에 한국교회의 신자 수는 오히려 감소하였으며 교회에 출석하는 청년의 수도 급감하였다. 어디에서 문제가 발생한 것인가?

B. 운동의 추이와 결과

비전 2020실천운동에 대해서는 사실 신학적인 토대나 방법적, 실효적인 면에서 적지 않은 의구심과 이의 제기가 있었다. 그러나 한국 국민의 75%를 신자화하겠다는 비전 2020실천운동 추진 주체들의 야심만만한 열성 앞에서 이러한 의견들은 움츠려들 수밖에 없는 분위기였으며, 어찌되었든 지난 20년 가까이 이 운동은 군선교의 주요한 과제로서 추진되어 왔다. 이에 대해서는 군선교의 첨단에 서 있는 군목들이야말로 우선적으로 군선교신학적 토대를 세울 책임이 있는 것이며 비전 2020실천운동을 현장에서 전개할 당사자들로서 마땅히 초기단계부터 적절한 검토와 개입이 있어야만 했다는 면에서 아쉬운 점이 많다고 하겠다.

군선교연합회와 비전 2020실천운동의 주체들의 공로는 다름 아닌 청년선교의 중요성을 먼저 자각하고 장차 선교대국으로서 한국교회가 사명을 감당하기 위해서는 군장병 전도가 무엇보다 필요하다는 것을 알림으로써 한국교회에 이에 대한 각성과 동참을 일으킨 것이었다. 비전 2020실천운동 추진 주체들은 각 교단과 교회를 두루 방문하여 군선교에 동참을 호소하고 마침내 전국적인 조직망을 결성하는 동시에 이를 해외에까지 확대하였다.

그러나 비전 2020실천운동을 구상한 군장성 출신들의 순수한 열정을 신학화하는 노력이 미흡하였고, 외형적인 목표를 달성하려는 모습은 흡사 영토전쟁을 치르는 전사들의 모습처럼 공세적이었으며, 마침내 한국교회의 성장주의에서 나타나는 폐해를 그대로 답습하고 말았다. 거기에 초대교회가 보여준 회심에 대한 관심이나 세례의 신학적 중요성에 대한 성찰은 거의 찾아볼 수 없었으며, 비전 2020실천운동은 점차 종파간의 경쟁과 갈등을 심화시키고 군선교연합회의 역할과 위상을 위한 브랜드로서의 역할에 머무르게 되고 말았던 것이다.

군선교연합회는 비전 2020실천운동을 주도하면서 민간 및 군인교회를 망라하여 전국적으로 지회를 확대하였고, 전군 기독장병을 전산관리하고 군인교회와 민간교회가 자매결연을 하도록 추진하였으며, 장병을 위한 성경 및 교리 교육교재로서 『좋은 군사』, 『더 좋은 군사』를 발간하여 보급하기도 하였다. 그러나 주로 전도와 양육을 조직적으로 실시한다는 전략적, 방법적 차원에서 접근한 나머지 선교에서 가장 중요한 근간이 되는 선교신학의 검증을 받는 일에 소홀하였고, 전도의 의미를 기독교 교세 확장에 초점을 두고 세례의 의미를 약화시켰으며, 타종교와 숫자 경쟁에 불을 지피는 등 근본적인 약점과 한계를 극복하지 못했다.

결과적으로 비전 2020실천운동이 시작된 이래로 역설적이게도 한국사회에서는 영세를 가장 적게 준 천주교의 신자가 가장 많이 늘었고 그 다음이 불교이며 군에서 세례를 가장 많이 준 기독교가 오히려 감소하였다. 이는 다양한 원인들이 결합되어 나타난 결과이기는 하지만 그 같은 요인들이 비전 2020실천운동의 본래적 문제점을 상쇄하지는 못한다.

표3. 진중세례 통계표

연 도	세례(기독교)	영세(천주교)	수계(불교)
1996	190,000	4,739	62,136
1997	177,003	6,597	77,570
1998	207,951	6,597	77,570
1999	216,080	10,618	80,607
2000	187,156	14,512	80,539
2001	186,959	21,387	83,317
2002	182,230	19,687	81,542
2003	155,767	19,100	72,507
2004	161,825	22,626	67,268
2005	162,260	28,106	67,744
2006	154,808	27,233	62,184
2007	153,225	34,001	61,967
2008	174,550	51,734	69,524
2009	171,435	48,629	77,944
2010	182,614	35,684	98,944
2011	184,320	30,190	92,328
2012	177,110	33,012	
합 계	2,658,290	414,452	1,213,691

(※세례는 군선교연합회에서 발표한 국군통계이며, 영세와 수계는 육군 군종병과 10년사에 게재된 통계임.)

정재원 목사는 비전 2020실천운동에 대한 논문에서 "첫째, 비전 2020실천운동의 세례 목표 인원인 년 22만 명을 한 차례도 달성하지 못했다.(평균 18만 명 정도 세례를 베푼 것으로 집계됨) 또한 육군 신자 통계를 보면 1996년도에 245,424명이던 기독교 신자가 2011년에는 148,271명으로 약 10만 명이 줄었다. 또한 이 운동의 핵심 프로그램인 군 세례 장병의 양육 및 관리가 거의 이루어지지 않아 세례인원의 7.2%만 민간교회에 그 명부가 전달되었다. 그리고 군 세례 장병들 가운데는 타종교 성례를 동시에 받은 장병이 상당수가 존재한다"[41]는 점을 밝혔다.

C. 평가

1996년에 이 운동이 시작되면서부터 지금까지 300만 명이 넘는 장병들에게 세례를 베풀었으며 군선교연합회의 자체 자료를 보면 이 기간 동안 교회당이 무려 354동 건축되었다. 이는 지금 전체 1004동인 군인교회의 약 35%에 해당된다. 이렇게 외형적인 결과와 성장은 있었다. 비전 2020실천운동으로 인해 장병전도와 세례에 대한 중요성이 더욱 강조되었으며 양육의 중요성이 자각되었다. 그러나 내용적으로 보면 구호에 비해 결과는 그리 대단하지 못했다는 것을 알게 된다.

---

41 정재원, '비전 2020실천운동의 중간평가 및 제안',「군선교신학」11권 서울, 군선교신학회 발간, 2013. 67.

이 같은 결과가 나오게 된 요인에는 여러 가지가 있겠는데 그중 한 가지로, 노무현 정부 이래로 군장병의 인권이 강조되면서 "종교생활을 하지 않을 권리"가 제기됨으로써 전도활동과 집회 참석에 대한 권고의 여지가 상당히 위축된 것도 큰 몫을 하였다. 그러나 실제에 있어서 세례는 꾸준히 평균적인 숫자를 유지하였고 신자가 종교집회에 참석하는 것이 심각하게 제한되는 것은 아니었기에 그것이 결정적인 요인이었다고 보기는 어렵다. 이보다는 비전 2020실천운동이 가진 근본적인 취약점이 오히려 주된 원인이라고 볼 수 있을 것이다.

(1) 신학적 약점

비전 2020실천운동은 크리스텐덤, 곧 기독교 국가에 목표를 두고 수적인 성장에 초점을 맞춘 운동이었다. 많은 이들이 비전 2020실천운동에 대해 성장의 동력을 상실해가는 한국교회에 성장 엔진과 같은 역할을 요구하고 청년신자를 양산해서 기존 교회를 충원시키는 구실을 할 것으로 기대하였다. 그러나 앞에서 살펴본 바와 같이 이러한 운동은 근본적으로 선교신학적인 문제를 내포하고 있다. 선교는 본질적으로 성령의 역사이고 그분의 주도권에 대해 우리가 순종해야 할 영역으로 교회의 필요에 의해서 계획되고 실행될 수 없다는 점과 교회가 곧 하나님 나라라는 등식은 결코 성립될 수 없다는 점이 그것이다.

또한 신자 수의 증가나 교회의 성장이 곧 하나님 나라의 확장이라는 등식을 적용하려면 더욱더 신자의 질을 생각하지 않을 수 없는 것이다. 왜냐하면 온전치 못한 신자가 교회라는 제도 안에 속해 있다는 이유만으로 당연하게 하나님 나라의 구성원이 된다는 것은 그 자체가 하나님 나라를 왜곡시키는 일이기 때문이다. 이것은 예수께서 당대에 하늘나라의 당연한 상속자로 자처하던 유대인들, 그 가운데서도 제사장들이나 바리새인들에 대해서 신랄한 비난과 책망을 내리신 사실에서 잘 알 수가 있다. 세례요한도 "아브라함이 나의 조상이라 말하지 말라 내가 너희에게 이르노니 하나님이 능히 이 돌들로도 아브라함의 자손이 되게 하시리라"(누가복음 3장 8절)고 말했는데, 이를 통해 중요한 것은 온전한 회개이며 하나님께서는 돌들로도 얼마든지 외형상의 신자를 만들 수 있다는 것을 알 수 있다.

그러나 비전 2020실천운동은 신자의 질보다는 양에 초점을 맞추어서 전개되었고 숫자에 목표를 둔, 유례가 드문 기독교 운동이라는 역사를 만들어냈다. 여기에서 초대교회 이후로 거의 모든 시대의 기독교인들이 고민했던 신자의 '온전한 회심'이라는 주제는 짐짓 무시되거나 먼 장래의 일로 치부되었으며 가능한 한 많은 장병에게 세례를 베푸는 것이 '절대 선'으로 강조되는 분위기에서 군목들은 세례자 양산에 전적으로 매진해야만 했던 것이다. 그러나 신자의 양산은 필연적으로 질적인 저하를 불러올 수밖에 없다는 것이 역사적 경험이다. 오늘날 목사의 양산이나 변호사의 양산도 다 질적인 저하의 문제를 불러오고 있는 것이 현실이다. 더 정확히 꼬집어 말한다면 문제는 가급적 많은 수의 신자를 만들겠다는 것이 아니라 많은 수의 신자로 교회의 위상을 세우겠다는 숨겨진 발상 자체이다.

사실 어느 누구도 완전한 상태에서 세례를 받거나 입교를 하지는 못할 것이다. 우리는 모두가 부족한 상태에서 세례를 받고 신자가 되고 집사가 되고 장로가 되며 목사가 된다. 그러나 세례의 기준을 극도로 낮추고 이에 대한 교회의 기준이 무너지기 시작하면 결국 "우리는 당신이 누구인지 어떤 사람인지 상관하지 않는다. 심지어는 세례가 무엇인지를 모른다고 해도 좋다. 세례를 존중하지 않는다고 해도 좋다"로까지 나아갈 수도 있다는 것에 그 심각성이 있는 것이다. 이렇게 "일단 받아놓고 보라"는 식으로 세례를 베푼다면 그것은 세례 자체를 무의미하게 만드는 것임을 지적하지 않을 수 없다. 이처럼 비전 2020실천운동의 신학적 취약성은 교세의 확장이 곧 하나님 나라의 확장이라는 잘못된 가정 위에 '영광스러운 교회'에 초점을 맞추고 대한민국 국민의 75%를 신자로 만들겠다는 목표에다가 공세적 세례운동을 결합시킨 인위적인 전략에서 두드러지게 나타났던 것이다.

(2) 논리의 취약성

또한 비전 2020실천운동이 지닌 치명적 결함은 기독교 인구가 2020년도에 3,500만 명이 된다는 논리 자체의 허구성이다. 그 근거는 매년 군에서 22만 명에게 세례를 베풀고 이미 세례를 받고 들어오는 3만여 명을 합쳐서 25만 명을 배출한다는 계획이다. 그렇다면 기존의 3만 명은 이미 민간사회의 종교인 숫자에 포함되어 있으며 군에서 세례를 받는 22만 명 가운데도 세례를 받지 않고 교회를 다니다가 들어오는 기존 신자가 상당수 포함되어 있을 수 있으므로 당시 민간 신자로 산출된 1,200만 명과 중복되는 결과가 나오게 된다. 또한 세례 받은 장병이 앞으로 친구, 배우자, 부모, 자녀 4명에게 영향력을 발휘하여 신자를 만들어낸다는 것도 너무 안이하고 추상적인 기대치에 불과하다. 20~30년 동안 교회에 다녀도 한 사람을 전도하지 못하는 기독교인도 많은 것이다. 또한 그렇게 해서 세례를 받은 청년장병들이 민간교회에 100% 정착한다는 가정은 너무나 천진난만한 생각인 것이다. 신앙생활을 시작했다가 중도에 포기하는 청년 신자가 얼마나 많은가?

그런가하면 군에서 세례 받은 신자의 100%가 비신자인 이성과 만나 결혼한다는 가정도 너무나 인위적이다. 결혼 상대를 고를 때 종교가 다른 이성과 결혼할 가능성이 많은지 아니면 종교가 같은 이성을 선택할 가능성이 많은지에 대하여 별도의 조사도 이루어지지 않았고 의도적으로 무작정 숫자를 짜 맞추려는 무리한 셈법에 의해 전략이 세워진 것이다. 현장의 장병 세례식에서는 숫자를 채우려다 보니 이미 세례를 받은 장병을 세례식에 동원하는가 하면 재세례를 베푸는 사례도 간혹 있었다. 이 모든 것이 숫자에 집착한 결과인 것이다.

결국 이것은 비전 2020실천운동이 튼튼한 선교신학을 토대로 시작된 운동이 아니라 성급하고 인위적인 산술놀음에 불과했다는 것을 드러내는 것이라 할 수 있겠다. 이러한 운동의 나팔수 역할을 한 목회자나 신학자도 철저한 자기반성을 해야 하며 민간교회도 비전 2020실천운동을 무비판적으로 수용하고 따라 행한 것에 대해서 반성해야 할 것이다. 민간교회의 선교팀이 군교회의 세례식에 참석하면 많은 경우 "이번에 세례 받는 장병의 수가 몇 명이냐?"는 것이 주된 관심거리였다는 것은 숫자에 의미를 두는 세례운동의 폐해를 그대로 드러내는 것이다. 이 같은 풍조에 편승하여 한 사람의 영혼을 얻기 위해 진실한 기도와 가르침에 열성을 내기보다는 번듯한 세례의식 장면을 연출하기 위해 장병으로 교회당을 가득 채우려고 동분서주해야 했던 일들이 군목들이라면 누구든 부끄러운 기억으로 남아있을 것이다. 이것은 성과지상주의적인 선교의식을 드러내는 것으로서 군장병 전도에 있어서나 일반 전도에 있어서 반드시 척결해야 할 행태라 할 것이다.

(3) 세례의 의미 약화

이미 언급하였듯이 비전 2020실천운동의 문제점 중 하나는 "세례 이후에 양육을 하면 된다"는 논리로 세례를 신자 확보의 수단으로 전락시키고 세례의 의미를 퇴색시킨 점이다. 골든 스미스는 말하기를 "세례는 회심에 절대적인 것으로 성경에서 명령하고 있다. 상징적인 행위들은 어떤 신앙체험에서든 본질적인 요소들이다. 왜냐하면 외적인 행위들이 내면의 믿음과 회개를 확인하고 보충하기 때문이다"[42]라고 말한다. 그는 기독교 공동체가 회심과 세례를 재통합

---

[42] 고든 스미스, Ibid. 357.

시키는 방법을 찾아내려고 애쓰는 것은 당연한 것으로서 그럴 때에만 영적인 변화를 진정으로 촉진하게 될 것이라고 한다. 곧 어떤 경우에도 세례를 회심과 분리하는 것은 잘못이라는 지적이다. 고든 스미스는 신약성경에 등장하는 4가지 회심모델을 연구한 결과 다음과 같은 공통적인 요소들이 명시적으로 요청되거나 전제되어 있다고 말한다.

가) 예수 그리스도를 믿음
나) 회개
다) 예수 그리스도를 향한 신뢰
라) 충성의 대상을 바꿈
마) 세례
바) 성령을 선물로 받음
마) 공동체적인 삶으로의 통합

비록 고든 스미스가 모든 회심이 이 같은 요소를 단계적으로 밟는 것은 아니라고 하였지만 군장병들이 세례를 받을 때 세례 외의 나머지 요소 중 과연 몇 가지를 고려하거나 충족시킬 수 있으며 또한 군에서의 양육이 이 중에 몇 가지에 초점을 맞추고 있는가가 의심스럽다. 군장병 전도의 목표를 온전한 회심에 맞추어야 할 이유가 여기에 있는 것이다.

더러 군장병 세례는 머뭇거리지 않고, 조건을 달지 말고 가급적 빨리 주어야 한다는 주장을 하는 이들이 있다. 그들의 말의 내용을 보면 "다른 종교로 가버리기 전에 주어야 한다"든지 "먼저 세례를 주고 양육은 그 다음에 해도 된다"든지 "먼저 세례를 줘놓으면 언젠가는 성장하여 장로도 되고 목사도 되더라"는 "카더라~~"식의 주장이 대부분이다. 물론 이 같은 주장들이 어느 정도 현실을 반영하는 측면이 있고 일리도 있다고는 생각한다. 군선교 현장은 시간을 다투는 곳이고 어차피 세례를 받는 사람이 완전한 상태에서 받는다는 것은 생각하기 어렵다. 그리고 후일에는 신자의 책임과 사명을 하는 사람들도 많이 나올 수 있는 현실적 가능성도 전혀 간과할 수는 없는 것이다.

그러나 더 깊이 생각해보면 이러한 주장에는 교회의 책임을 회피하고 대신 교회의 교인을 증가시키는 데에만 몰두하는 사고방식이 침투해있다. 우선, 세례는 "다른 종교로 가버리기 전에" 팔아야 하는 소비적 상품이 될 수 없다. 세례는 그것을 받기에 적당한 사람에게 주어야 하는 것이다. 아무에게나 주어버린다면 그것은 기독교 멤버십을 빨리 팔아버리기 위한 판촉 행위가 될 수 있는 것이다. "양육은 나중에 해도 된다"는 주장도 같은 논리의 연속상에서 볼 때 매우 무책임한 발상일 수밖에 없다. 이것은 마치 아이를 "7개월이든 8개월이든 일단 낳아 놓고 인큐베이터에서든 조리원에서 키우면 되는 것이 아닌가?"라는 말처럼 들린다. 그러나 이렇게 해서 허약한 아이들이 죽어버리거나 병에 걸릴 수도 있다는 생각은 왜 하지 않는가?

또한 특별한 경우를 일반화하는 것은 신학적 사고에서 매우 위험한 것으로 반드시 피해야 할 사고행태이다. 신학이란 기본적으로 가능한 한 모든 신앙인들이 삶에서 적용할 수 있는 보편적인 진리와 논리를 찾고 가르치는 것이다. 물론 인생을 살다보면 특별한 경우가 없지는 않다. 그러나 신앙인들이 저마다 자기의 특별한 경험을 내세우다 보면 결국 신학은 무너지고 각자의 간증만 남게 된다. 그렇게 되면 "목사님, 나는 나대로의 방식대로 은혜를 받습니다. 목사님의 말씀대로 꼭 따라야 합니까?"라는 주장 앞에 모두에게 적용할 진리는 사라지고 마는 것이며 설교는 권위를 잃게 되는 것이다. 군에서 가급적 빨리 세례를 주는 것은 결코 일반화할 수 있는 모델이 아니다. "연대장을 따라왔다가 갑작스럽게 준비 없이 세례를 받았는데 나중에는 장로까지 되었더라"는 얘기도 결코 일반적인 것이 될 수 없다. 어떻게 준비 없이 받는 세례가 한 모범이 될 수 있겠는가?

군에서 뿐만 아니라 민간교회에서도 나타나는 일로서 세례식이 외적으로는 성대해지고 화려해지고 있는 반면 정작 세례자들의 내적인 준비가 부족하고 이러한 현상이 점차 일반화되고 있는 것이 오늘날 신자들의 영적 정체 상태의 한 요인이 되고 있는 것이다. 그러므로 특별한 전도나 세례, 은사 경험의 경우는 반드시 기독교의 보편적 교리나 진리로 보완해야 할 필요가 있으며, 그 위험성과 틈새는 메워주어야 한다.

> 기독교 공동체가 회심과 세례를 재통합시키는 방법을 찾아내려고 애쓰는 것은 당연한 것으로서 그럴 때에만 영적인 변화를 진정으로 촉진하게 될 것이다.

양육이란 한 사람의 세례에서부터 성화까지 모든 단계가 지극히 정상적인 과정으로 이루어져야 한다는 전제에서 출발해야 하며, 모든 단계는 유기체적으로 밀접한 관계를 가지고 있다는 인식을 가져야 한다. 급하다 보면 어떤 단계든 건너뛸 수 있다는 사고방식이 득세하게 되면 신앙의 거의 모든 영역에서 변칙이 용인될 수 있게 된다. 앞에서 언급한 것처럼 "먼저 세례를 줘놓으니 나중에 집사도 되고 장로도 되고 목사도 되더라"는 경험담론적인 접근은 특별한 한 예를 일반화시키는 오류를 낳을 수 있다. 그렇다면 그 반대의 경우는 어떠한가? 세례를 주었는데도 불구하고, 또 잘하라는 뜻에서 일단 장로나 목사 안수를 줬는데 나중에 보니 더 악랄한 사람이 될 수도 있는 것이며 교회 공동체를 해치는 형편없는 지도자가 될 수도 있는 것이 아닌가? 세례 이후에 대해서 "하나님이 알아서 책임지신다"는 논리는 교회의 책임을 회피하는 것이다. 우리가 할 일은 세례와 그 이후의 성장 과정을 신실하고도 적극적으로 책임지려는 자세이다. 개인의 체험이 아무리 그럴듯하고 제법 일리를 가지고 있다고 하더라도 그것을 기독교의 교리나 전통을 뒤엎어버리거나 무시해버릴 수 있는 근거로 삼는 것은 매우 위험한 일이다.

요즈음 군목들의 안수 문제도 이와 흡사한 문제점을 가지고 있다. 안수 이후 목사경력이 2년 이상이면 대위로 임관할 수 있기 때문에 몇몇 교단에서 군목으로 입대할 신학생들에게 정책적으로 대학원 졸업 이전에 안수를 주기 시작하자 다른 몇 교단들도 이에 뒤질세라 따라하게 된 것이다. 그 필요성과 정당성은 차치하고서 이것은 목사안수의 하향평준화 추세로 이어지고 있으며 각 교단 목회자들 가운데 군목 안수의 정당성에 이의를 제기하는 사람이 생기고 특혜 논란까지 일고 있는 것이다. 이에 대해서는 여러 가지 견해가 있을 수 있다는 점을 인정하지만 필요성과 편의성이 주도권을 쥐게 되면 상대적으로 신학은 종속 변수가 되어버리며 교회 각 분야에 예상보다 훨씬 심각한 피해가 발생할 수도 있다. 이를테면 겨우 1년 내외의 신학공부를 한 사람들에게 소명의식을 갖췄다는 명분으로 목사안수를 주는 일부 교단은 성직 남발이나 성직 매매의 의구심을 불러일으키고 목사직의 신뢰도 추락이라는 큰 위험을 기독교계 전체에 떠안기고 있는 것으로, 이는 결국 전도의 동력 약화로 이어지게 되는 것이다.

    또한 선교에는 인간의 영역이 있고 성령의 영역이 있다. 인간이 할 수 있는 최대의 노력을 기울이고 나서 성령의 역사를 기대해야 하는 것이 마땅하다. 그렇지 않고 인간의 책임을 회피하면서 무조건 성령께서 다 알아서 해주실 것이라고 말하는 것은 신앙이 아니라 일확천금을 꿈꾸는 자의 백일몽이 될 수 있다는 것을 알아야 할 것이다. 그런 점에서 군장병 전도에 있어서도 세례에 대한 깊이 있는 신학적 검토를 지속해야 하며 이런 신학적 작업이 중지되고 어떤 특정 유형의 운동에 종속되는 우를 범해서는 안 되는 것이다.

(4) 불완전한 양육 이해

양육이란 한 사람의 그리스도인에게 있어 전 생애를 걸쳐서 진행되어야 할 성질의 것이다. 개인의 결단과 아울러 건전한 기독교 공동체에 속하여 공동체가 제공하는 기독교 진리와 교제에 지속적으로 접할 때 양육은 효과적으로 이루어질 수가 있다. 그러나 기독교인 가정에서도 양육이 제대로 이루어지지 않는 경우를 종종 볼 수가 있는데 그것은 양육이 단순한 지적 전수의 기법이 아니라 보다 복합적인 관계성을 가지고 상호작용하는 과정이기 때문이다.

이규현은 개인정체성과 사회정체성에 대해 논하면서 터너^{Turner}의 이론을 소개하는데 "개인정체성은 개인의 성격, 육체적, 지적 특질 등에서 개인적 자아가 형성되어 나타나지만, 사회정체성은 한 개인이 사회집단에 소속되어 생활하면서 그 집단과 정서적 유대를 가지면서 나타난다"[43]고 말한다. 그런 면에서 장병신자의 사회정체성 형성에는 건강한 교회 공동체를 제공하는 것이 절대적으로 필요하나 현실적으로 많은 제약이 있었으며 이에 대한 많은 관심과 노력을 기울이지 못한 것이 사실이다.

단기간에 성경 전체를 강의하고 기독교 교리를 전수하는 식으로는 결코 양육이 제대로 이루어질 수가 없다. 비전 2020실천운동

---

[43] 이규현, '정체성과 네트워크 기반 교회경영: 복음의 사회 확산 단계', 「신앙과 학문」 제15권 4호, 2010. 12.

의 주창자들이 군교회에서 양육을 말할 때 양육이 단기간에 이루어지지 않는다는 점을 어느 정도나 인식했는지는 알 수 없으나, 양육이란 세례를 포함한 전 과정과 공동체 생활이 신학적, 신앙적으로 긴밀하게 연결되어 있다는 점을 간과한 것이 사실이다. 또한 이 기간 동안 효과적인 양육 커리큘럼이나 교재 개발도 충분치 못하였다. 뿐만 아니라 지금까지 비전 2020실천운동의 주체들이 사용했던 양육이란 개념이 교리체계의 전수나 성경지식의 전달이라는 의미 이상을 벗어나지 못했던 한계를 가지고 있었던 것도 사실이라고 생각된다.

양육은 상호적인 것이다. 그것은 인격적 상호작용, 정서적 상호작용, 성령 안에서의 교제를 통해서 이루어진다. 그렇다면 군선교의 장과 군인교회에서는 과연 이러한 작용이 얼마나 가능할 것인가? 이것이 지금까지 우리가 간과한 것이며 앞으로의 청년장병 양육에서의 과제인 것이다.

(5) 연결 및 정착의 미흡

군에서의 장병 전도와 세례가 가진 상황적 특수성을 감안한다고 할지라도 일반적으로 기독교인이 공통적으로 밟아나가는 회심과 성화의 과정을 무시할 수 있는 것은 결코 아니다. 누구든지 기독교인이 되고자 한다면 자기의 죄성과 무기력에 대한 자각, 그리스도의 필요에 대한 절박함, 성령의 인도를 바라는 신앙이 있어야 한다. 그럼으로써 회심과 성화로 한발자국씩 나아갈 수 있기 때문이다. 과거 기독교 국가에서는 기독교인이 되어야 한다는 사회적 압력이 존재하였다. 오늘날 대다수의 이슬람 국가에서는 아직도 그와 같은 압력이 버젓이 실재한다. 그러나 그러한 유형의 압력에 굴복하여, 혹은 어떤 상황적 요구나 분위기에 편승하여 그리스도인이 되었다면 앞으로의 신앙생활과 교회 참여는 피상적일 수밖에 없다. 이러한 신앙생활 행태는 진정한 의미에서는 시작도 하지 않고 교회에 다니는 것과 똑같다.

군에서 세례 받은 장병들이 민간교회에 정착되지 못한 이유가 연명부를 제대로 작성하여 민간교회에 넘겨주지 않아서 그렇다는 것은 부차적인 문제이다. 군에서 세례 받기까지의 교육과 양육이 제대로 이루어지지 못한 점과 그로 인해서 신앙생활에서 저들의 진실성을 끌어내고 그것을 지속하게 만들지 못한 것이 근본적 원인이다. 그러므로 앞으로 군장병 전도는 세례의 의미를 되살리는 동시에 온전한 회심에 초점을 맞춘 양육에 충실하며 교회의 주가 되시는 예수 그리스도와 교회 공동체 안에서의 신자들과 진실한 관계 맺기로 중점을 옮겨가야 한다. 여기서 관계 맺기란 단순히 신자를 놓치지 않기 위해 수행하는 행정적인 절차나 업무로서의 연결 작업이 아니라 성경적인 원리에서 비롯된 기독교인의 일련의 실천적 신앙행위를 지칭한다. 곧 은혜로 새롭게 된 피조물은 자신과 이웃, 하나님을 향해 이전과는 전혀 다른 차원의 관계를 추구하게 되기 때문이다. 이러한 노력은 다시 자신의 신앙적 진정성을 돌아보게 하며 그 신앙과 삶의 근본 원리로서의 성경에 대한 경외심과 탐구심을 불러일으키게 될 것이다.

논산훈련소 세례식 장면

세례는 그리스도인으로서 출발하는 매우 특별한 의식이다. 그러나 의미가 충분히 전달되지 못하고 준비되지 못한 상태에서는 아무리 성대하게 준비된 세례식이라도 아주 낭비적인 의식이 되어버리고 말 것이다.

제6장

군선교의 신학적 성찰

　지금까지 각 시대 전도의 특징에 대해서 알아보았으며, 특히 군 장병 전도 역사에 있어서 본격적인 전도운동으로 자리매김한 비전 2020실천운동의 공과에 대해서도 살펴보았다. 그러면 이 장에서는 군장병 전도에 대하여 현대 선교신학적인 통찰을 통해 새로운 방안을 모색해보는 것이 필요할 것으로 보인다. 먼저 짚고 넘어가야 할 점은 전도의 전략은 어디까지나 선교신학을 기초로 해서 짜여야 하며 신학의 인도를 받아야 한다는 것이다. 그러나 비전 2020실천운동은 거꾸로 전도 전략을 위해 선교신학이 따라가는 것 같은 양상을 보여 왔다. 이것은 '꼬리가 몸통을 뒤흔드는 격'이 된 것으로, 복음의 생명력이 교회나 세상을 바꾸는 것이며, 숫자가 복음의 생명력을 창출하지 못한다는 점을 도외시한 결과라고 말할 수 있을 것이다.

1. 장병전도의 특징

　앞 장에서 전도의 제 요소에 대하여 살펴보았듯, 모든 상황에서 일괄적으로 적용할 수 있는 복음 전도의 모델은 사실상 존재하지 않는다. 인간 삶의 상황은 다양하며 개인이 복음과 마주하는 심리적, 현실적 접촉점에도 수없이 많은 경우가 존재한다. 이러한 다양성은 장병전도에 있어서도 마찬가지이다. 그러므로 전도자는 각자의 현장에서 최선의 방식이 무엇인지를 찾아내야 한다. 우선 군선교의 대상은 청년들이므로 그들의 의식과 문화를 알아야 하고 그들이 희로애락을 추구하고 느끼는 독특한 방식을 이해하려는 노력이 필요하다. 여기서 그들의 요구와 그들을 둘러싸고 있는 사회문화적 환경과 영적인 각성을 방해하고 있는 요인에 대하여 고찰하는 것은 매우 중요한 예비적 작업이 될 것이다.

일반적으로 포스트모더니즘 시대의 영향으로 청소년들은 종교라든가 믿음이라는 용어를 고통스러운 현실을 이겨내기 위해 인간이 찾아낸 방법이나 체계로 여기곤 한다. 혹은 세속적 세계와 거룩한 세계로 세상을 구분하는 종교적 신념에 몰두해있는 사람들이 세속적 인간들을 꾸짖고 가르치기 위해 신의 권위를 빌려오려고 하는 시도처럼 생각하기도 한다. 그러나 모든 종교는 현실과 보다 유의미한 관계를 맺기 위한 노력의 소산이며, 무신론자들이 사실로 받아들이든 아니든 종교는 인간의 약한 본성이나 고독, 한계나 장애에 대해서 잘 알고 있으며 이런 인간의 연약함을 극복하도록 도움을 준다. 특별히 기독교적인 입장에서 인간은 이성의 한계, 육체의 한계, 감정의 한계, 기술의 한계로 인한 고통과 소외를 늘 경험하면서 살아가는 존재이다. 이러한 한계는 하나님과의 관계가 회복됨으로써만 극복될 수 있으며 인간은 어거스틴이 간파한 대로 '하나님 안에서만 안식'을 누릴 수가 있는 존재이다.

청년 장병들은 아직 성숙되지 못한 정서적, 인격적, 영적 상태에서 많은 도움을 필요로 하고 있다. 이러한 장병들에게 도움을 주려는 접근 방법은 성경적이며 동시에 현대적이어야 할 것이다. 이 말은 곧 복잡다단하고 혼란스러운 현 시대를 몸으로 살아내는 장병들에게 어떻게 본질적인 도움을 줄 수 있을까에 대해서 진지하게 고민하는 데서부터 전도가 출발해야 한다는 것을 뜻한다.

2. 사회문화적 상황

1장에서 보았듯 현대를 특징짓는 여러 가지 개념어 가운데, 용어 자체는 우리에게 이미 익숙해졌지만 아직 충분히 받아들여지지도, 극복되지도 못한 용어가 '포스트모던 post modern'일 것이다. 현대인들은 절대적 진리를 거부하고 상대적인 시각으로 종교를 대하며 다원적인 사고방식을 가지고 있다. 이런 가운데 현재 한국사회에서 유일신 하나님을 믿고 절대적 진리를 전파하는 기독교는 그 내용의 진위는 차치하고서라도 이슬람에 견줄만큼 배타적인 종교로 공격을 받고 있다. 특히 그동안 한국교회의 공세적이고 일방주의적인 전도 활동은 이러한 이미지를 고착화시켰으며 신앙의 실천이라는 면에서 도덕적 우위를 나타내지 못한 여러 가지 현상들과 합쳐져서 공공연한 반기독교 세력이 형성되는 요인으로 작용하기도 하였다.

이에 더하여 일부 교회의 천박한 자본주의적 행태와, 세습 등의 퇴행적인 양상 및 분열주의적인 모습, 그리고 각종 이단들이 교회의 이름을 빙자하여 사회적 물의를 일으키는 일이 빈번해지면서 그야말로 한국교회는 마치 '동지들이 중상을 입고 우군이 전투 전에 등을 돌려버린 것과 같은' 위태로운 형국을 만나고 있다고 보인다. 갈수록 전도가 어려워져서 개척교회가 거의 불가능한 일처럼 되어 버렸고, 한때 전성기를 이루었던 노동자 선교나 학원 선교는 흡사 개점휴업 상태와 같은 형편이다. 한마디로 청년들이 기독교에 호감을 보일 수 있는 사회문화적 환경이 결코 아니라는 것이 가슴 아프지만 받아들여야 하는 사실이다. 심지어 과거에는 상상할 수도 없었던 일들이 다문화, 다종교 사회에서는 빈번하게 발생하곤 한다.

최근에, 미국에 있는 캘리포니아 주립대학교에서는 기독교 선교단체인 IVF에 대하여 비기독교인도 선교단체의 리더가 될 수 있도록 하라고 요구하였다. 이것은 캘리포니아 주가 시행하고 있는 차별금지법에 의거한 조치였다. 이 같은 요구에 대하여 IVF는 "비기독교인은 선교단체의 리더가 될 수 없다"고 거부하였고, 캘리포니아 주립대학교는 이 선교단체를 대학교의 정식 등록단체에서 퇴출시켜 버렸다. 이에 따라 IVF는 캘리포니아 주립대학교의 23개 캠퍼스에서 정식 선교단체로서 활동할 수 없게 되었고, 캠퍼스 내 모임 공간과 교내 종교단체 박람회 참가 권한, 기타 캠퍼스에서의 시설 사용 권리 등을 잃게 되었다. 이로 인해서 선교활동에 소요되는 비용이 지부별로 2만 달러가량 더 증가할 것으로 예상하고 있다. IVF는 미국 내에서 캘리포니아 주립대학교 뿐만 아닌 40여 개의 캠퍼스에서 이런 압박을 받고 있다고 한다.

    이에 대하여는 선교단체가 그동안 보여 온 행태에 대한 당연한 결과라는 시각도 존재한다. 그것은 일부이긴 하지만 종교단체가 학교 시설을 점령하여 기득권을 지키는 데 몰두하였고 다른 종교단체의 활동을 가로막는 경우도 있었다는 것이다. 이제는 그러한 경쟁을 지양하고 선교단체 상호 간에 보다 순수하게 서로 연합하는 모습을 보일 것으로 기대할 수도 있으리라는 것이다. 어찌되었든 이제까지는 전혀 예상하지 못했던 형태의 장애와 기회가 공존하는 시대가 바로 지금이라는 것을 알 수가 있다.

    앞으로는 이러한 현상들을 보다 자주 접하게 될 것으로 예상하는바, 선교에 대한 도전이나 장애를 무조건 핍박이나 반대로만 생각하지 말고 이를 새로운 기회로 받아들이는 역발상의 창의적인 자세가 우리 모두에게 필요할 것이다. 그리고 자신의 잘못을 되돌아보는 겸손한 모습을 회복하여야 한다. 그러할 때 이러한 위기는 또 하나의 도전이요 흥미진진한 모험의 시작이 될 수 있을 것이다. 기독교 저술가인 폴 투르니에(Paul Tournier)는 "하나님이 인간을 자신의 형상대로 창조하시면서 감수하신 위험이 바로 타락이었다. 이 엄청난 충격에도 불구하고 하나님은 자신의 모험을 포기하지 않으셨다"[44]고 말함으로써 우리 그리스도인도 현실에 대해 불평하지 말고

---

[44] 폴 투르니에, 『모험으로 사는 인생』, 정동섭 외 역, (서울: IVP, 2005), 124.

보다 모험적인 태도를 가져야 한다는 점을 역설한 바가 있다. 그는 또한, 선교는 바로 몇 년 전까지만 해도 복음의 증인을 먼 이방 땅에 내보내는 것만을 의미했지만 지금은 우리 모두에게 영향을 끼치는 훨씬 더 직접적이고 포괄적인 모험이 선교와 관련되어 있음을 알아야 한다고 역설한다. 곧 선교란 바깥세상을 향해서 시도되는 교회의 운동이나 사역일 뿐만 아니라, 이방적인 환경의 도전 속에서 자신도 모르는 사이에 무력하게 순응하고 동화되고 있는 교회 자신에게도 초점을 맞추는 다차원적인 성찰과 개혁도 포함되어야 함을 알아야 한다. 선교란 곧 교회를 포함하여 세상을 변화시키기 위한 하나님의 계획이기 때문이다.

3. 장병 전도의 현실

오늘날 기독교에 대한 비우호적이고 다원주의적인 사회 분위기 속에서 군에 들어오는 장병들이 신교대나 훈련소 교회에 꽉꽉 들어차는 것은 오히려 가슴을 쓸어내리고 안도해야 할 일이라고 할 것이다. 논산 훈련소 한곳에만 해도 한주에 5,000명 정도의 병사가 출석하며 한 달에 3,000명 가까운 장병이 세례를 받고 있다. 매주 신병들의 소감문이 200여 통씩 쌓이는데 신병들이 남기고 간 글 중에는 "사회에 있을 때는 교회가 어떤 곳인지를 경험해보지 못했다. 교회에 대한 막연한 생각과 오해도 많았다. 그러나 지금은 교회 가는 시간이 너무 기다려진다, 예배시간을 통하여 큰 평안을 경험한다, 찬양의 시간이 매우 좋다."[45]는 등의 내용이 수두룩하다.

사회라면 "당장 급할 것이 없다"는 생각에서 여러 가지 비교치와 비판의식을 가지고 종교를 선택하는 데도 시간적 여유를 가질 것이다. 그러나 군에서는 모든 것이 제약된 현실에서 심리적이거나 육체적 한계 상황에 부딪치게 되어 누군가의 도움이 매우 필요한 상태가 된다는 점이 비교적 개방적으로 복음을 접할 수 있는 환경을 만들어낸다고 보겠다. 또한 청년 장병들은 군에서 만나는 동기들에게 자연스럽게 마음을 여는 경향이 있어서 적극적으로 신앙생활을 하는 장병들에게 이끌려가기도 쉽다. 거기다가 가족, 친구, 이성 등의 교제층이 없어짐으로써 생기는 심리적 공간 상태에서 예배의식을 통한 위로와 평화를 경험하게 될 때 수월하게 기독교의 진리를 받아들이게 되는 것이다.

대한민국의 장병들에게 군생활이란 의무적인 복무이다. 따라서 그들 중에는 군생활에 의미를 부여하면서 적극적으로 들어온 병사들도 있지만 거의 대부분은 수동적으로 군에 들어왔다고 해도 과언이 아닐 것이다. 또한 군이란 곳은 계급에 따라 임무를 수행하는 곳으로서 기본적으로 계급에 따라 대우받고 평가받는 곳이기도 하다. 이렇게 철두철미한 계급사회에서 종교란 평등과 존엄, 해방감을 맛볼 수 있는 영역이 될 수 있다. 군 교회에서는 이러한 상황을 잘 이해

---

[45] 2011~2012년 훈련소를 전임한 신현복 목사가 발표한 신우 간증문 중에서 인용.

하여 장병들에게 다가가고 복음을 효과적으로 전해야 할 것이다.

반면에 군생활에서는 비교적 기독교의 진리를 다양하고 깊이 있게 접할 수 있는 기간이 짧다는 특징을 가지고 있다. 또한 군인교회는 교육 및 양육 체계를 갖춘 사회의 중·대형교회에 비해서 인적, 물적 소프트웨어가 부족하다. 그리고 최근 양육에 있어서 교회 공동체성을 향유하는 체험의 중요성이 부각되고 있지만 이러한 공동체를 제공할 수 있는 교회가 많지 않다는 어려움을 가지고 있다고 하겠다. 더군다나 연대급 이하의 교회에서는 장병 신자들을 섬기고 이끌어 줄 리더를 구하기가 쉽지 않은 것이 현실이다. 한 사람의 좋은 리더는 청지기요, 교사며, 멘토의 역할을 수행하며 군인교회를 장병 양육의 요람으로 만들 수 있다.

김석년은 양육자 리더십의 핵심을 첫째, 모델링Modeling - 모범을 보이는 것, 둘째, 릴레이팅Relating - 좋은 인간관계를 구축하는 것, 셋째, 멘토링Mentoring - 말과 교훈으로 가르치는 것이라고 한다.[46] 이런 면에서 볼 때 대다수의 군 교회에서 양육을 책임질 만한 훌륭한 리더를 구하는 것은 결코 쉬운 일이 아니다. 앞으로 이러한 난점을 보완하고 해결하는 것이 군 장병들을 신자화 하고 양육하는 데 중요한 과제가 될 것이다.

---

[46] 김석년, 『패스 브레이킹(Path Breaking)』, (서울: 생명의말씀사, 2002), 124.

4. 신자화 단계 모델

앞에서 살펴본 바대로 초대교회는 초신자를 세례에 앞서 약 3년 동안 4단계에 걸쳐서 양육했다. 지금 군에서 벌어지고 있는 장병 세례 운동의 문제는 세례를 받기에 앞서서 보다 다양하고 의미 있는 공동체 경험을 하지 못하고 매우 미숙한 상태에서 세례를 받는 경우가 허다하게 많다는 점이다. 물론 세례의 의미를 사전 교육을 통해서 가르쳐주기는 하겠지만 실상은 거의 준비가 되지 않은 상태에서 세례식 참석을 종용받는다는 것이다. 이처럼 세례가 막연히 단체에 가입하는 의식 정도로밖에 받아들여지지 않는 것은 크나큰 기회인 동시에 어떤 면에서 매우 무모한 시도일 수 있다.

지금까지 비전 2020실천운동을 주도해온 군선교신학자들의 주장은 일단 군사역의 특수성을 감안하여 가능한 한 많은 청년장병들에게 세례를 베풀고 나서 신자화를 위한 양육은 자대 교회에서부터 해도 무방하다는 것이었다. 그러나 세례 의식 자체의 무의미화는 기독교인이 된다는 가치의 상실과 더불어 장차의 신앙생활에 대한 기대감과 결심에도 막대한 영향을 미친다는 사실을 결코 간과해서는 안 된다. 물론 세례식을 의미 있게 하기 위해 성대하게 준비하면 된다고 주장할지 모르지만 내면적인 준비란 그렇게 해서 이루어지는 것은 아니다. 설혹 현장의 필요에 의해 급히 세례를 베푸는 경우가 있을지라도 이것이 원칙은 아니며 대단히 제한적이고 임시적인 조치로서만 받아들여져야 한다. 또 그럴수록 세례 이후의 양육이 중요해지기 때문에 더욱 더 심혈을 기울여야만 한다. 일단 상황적 필요에 의해서 훼손되고 나면 원칙이 더 이상 존중되지 않는 경우를 우리는 매우 자주 경험하여 왔다. 명목상의 신자를 양산하는 것은 기독교 공동체성의 약화로 이어진다는 것을 생각해야 한다.

지금까지의 세례운동이 가진 큰 약점은 결과적으로 장차 전망이 불투명하고 그 해결이 미지수인 수많은 장병의 양육이란 큰 과제를 특별한 해결 방법도 없는 상태에서 미래로 떠넘긴 점이고 기독교 세례가 단체 가입과 같은 형식적인 행사가 된 점이라고 하겠다. 또한 세례가 신자의 수를 확보하기 위한 수단이 된 것 자체가 기독교 선교신학의 큰 손상을 가져온 점이다. 그러므로 여기에서 이러한 약점들을 극복하기 위한 장병 신자화의 바람직한 모델을 제시해보고자 한다.

> 설혹 현장의 필요에 의해 급히 세례를 베푸는 경우가 있을지라도 이것이 원칙은 아니며 대단히 제한적이고 임시적인 조치로서만 받아들여져야 한다.

A. 예비신자로서의 입교

앞서 살펴본 바와 같이 세례가 가지는 신앙적 의미는 매우 심대하다고 아니할 수 없다. 세례 받는 신자가 신앙고백이나 회심에 있어서 높은 수준에서 세례를 받는 것을 기대하는 것은 어려운 일이지만 그렇다고 해서 세례가 신자를 늘리는 하나의 형식에 머문다면 세례의식의 의미를 크게 훼손하는 것이다. 그러므로 장병 신자화의 기회를 놓치지 않으면서도 세례의식의 의미를 극대화시킬 수 있는 새로운 방법이 필요한데 그중의 하나는 훈련소와 신교대에서 입교예식만 행하고 자대에서 충분한 교육 후에 세례식을 행하는 것이다.

지금까지의 신교대나 훈련소에서의 군세례 과정에서는 세례 받을 장병을 모집하여 2~4번 정도의 짧은 안내와 교육을 실시하고 세례를 베풀었다. 그리고 그들을 '신자'로 분류하였다. 그러나 이것은 신자의 필요성만을 생각한 매우 조급한 방식이었다. 현재 베풀어지는 장병 세례식에서 "한 번 기독교인은 영원한 기독교인!"이라는 구호를 세 번, 네 번 반복해서 외치는 것은 미봉책의 수준을 넘어서 안쓰러움까지 느끼게 한다. 그렇게 일곱 번, 여덟 번을 외친들 그들이 기독교 신앙의 본질을 이해하는 데 무슨 도움이 될 것이며 앞으로 자신의 신앙을 지켜나가는 데 어떤 유익이 있겠는가? 내적인 각성이 부재한 상태에서 구호를 외치는 것은 기독교 신앙이 외적인 자기표현으로 가능하다는 잘못된 인식만 심어줄 수 있을 뿐이며 신앙이 '신 앞에 단독자'로서 고독한 자기 결단이 필요하다는 점을 도외시하는 것이다. 그들은 기독교 신앙에 대해서 거의 알지 못하며 성경에 대해서도 무지한 상태이다. 그러므로 이들을 '신자'로 보는 것이 아니라 '잠재적 신자'로 분류하여야 한다. 그런 후에 일정 기간 세례 전 교육을 실시한 다음에 세례식을 행한다면 훨씬 더 바람직한 수준의 세례식을 가질 수 있을 것이다.

> 장병신자화의 기회를 놓치지 않으면서 세례의 의미를 극대화시킬 수 있는 새로운 방법이 필요한데, 그것은 훈련소와 신교대에서 입교예식만을 행하고 충분한 교육 후 자대에서 세례식을 행하는 것이다.

물론 입교식도 정성스럽게 준비하여야 한다. 입교식에서는 입교 의사를 밝힌 장병들에게 『기독교인이 된다는 것』이란 안내 소책자와 자대 교회에 제출할 카드를 부여하고 자대의 교회에 가서 카드를 제출하면 다음 단계에 필요한 양육 교재와 물품을 지급하여 주도록 한다. 이렇게 하여 신교대에서 세례를 받는 것으로 기독교인이 되었다는 모호한 성취감이나 부족한 정체감을 보완하여 입교식에 참여하는 것이 예비 그리스도인으로서의 출발인 동시에 앞으로 더욱 흥미롭고 새로운 경험이 기다리고 있을 것이라는 기대감을 심어줄 수 있을 것이다. 아울러 신자로서 계속 배우고 성장해 나가야 한다는 책임감을 심어줄 수 있기 때문에 더욱 긍정적이고 효과적인 군 장병 전도방식이 될 것이다.

B. 회심을 위한 신앙교육

가톨릭에서는 현재 6개월간 영세 전 교육을 받으며 영세 후에도 지속적인 교육을 받는다. 이에 비해서 개신교의 세례교육은 다소의 차이는 있지만 대체적으로 매우 미흡한 수준으로 이루어진다고 본다. 그러므로 21개월이라는 비교적 짧은 군생활 기간을 고려한다고 하여도 1/3정도의 기간인 28주 정도의 신앙교육을 실시한 후에 세례를 베푸는 것이 타당하다고 생각된다. 입교식을 치른 병사가 신교대나 훈련소에서 입교식 때 받아온 입교 카드를 자대 교회에 가서 제출하면 그들을 환영해주고 그들에게 성경과 교리교육 서적을 교환해준다. 이때, 소그룹을 만들어서 신자교육을 시키면 더욱 좋을 것이다. 교육의 내용은 무조건 성경의 앞 페이지에서부터 가르치는 것이 아니라 장병들의 마음을 열게 하고 기독교에 대한 관심을 자극하는 내용으로 이루어지는 것이 좋다. 그러한 방법 중 하나로 먼저 초기 한국 기독교 역사와 신앙인물 및 기독교 세계관 교육이 필요하다는 것을 제안한다.

여타의 아시아 국가와는 달리 유독 한국은 비기독교 국가인 일본에 의해서 식민지화의 길을 걸었다. 바로 이 점이 한국의 경우 기독교와 민족운동이 결합될 수 있었던 요인의 하나다.[47] 일찍이 서구화를 이루어 강대해진 일제 앞에 조선은 맥없이 자주권을 내어주었고 기존의 종교인들과 국민 대다수가 속수무책의 좌절감과 상실감에 빠져있을 때 기독교는 생명력 있는 종교로 다가왔다. 따라서 한국의 기독교는 일정한 기간 제국주의 세력에 저항하는 동력으로서 기능을 발휘함으로써, 사회공산주의 진영과 일부 아시아, 아프리카 각국에서 주장하는 바, 기독교를 제국주의 침략의 주구(走狗)로서 비판하는 그러한 성격과는 궤를 달리하고 있다.[48]

---

[47] 한국기독교역사연구소, 『한국 기독교의 역사 I』, (서울: 기독교문사, 1997), 292.
[48] Ibid. 293.

잘 알려져 있는 대로 3.1운동 때에 독립선언서에 서명한 민족대표 33인의 종교별 구성은 기독교 16, 천도교 15, 불교 2명이었으며 이들과 함께 운동계획 과정에서 중요한 역할을 한 17인의 구성원을 보아도 기독교 8, 천도교 6인이었다.[49] 이러한 기독교 역사 및 인물 교육은 장병들에게 다음과 같은 면에서 큰 효과를 발휘할 것으로 기대할 수 있다. 곧 올바른 역사 인식과 신앙심에 바탕을 둔 애국자들의 이야기가 가지는 생동감과 흡인력, 그리고 기독교인으로서의 자긍심과 역경을 견디어내는 신앙인으로서의 긍정적인 비전이 그것이다.

또한 학교 교과시간에 많은 학생들이 일방적으로 진화론은 과학적이고 창조론은 비과학적이며 허구적인 터무니없는 것으로 배워왔다. 이것은 성경을 읽는 데 장벽이 되고 그리스도인이 되는 데도 장애가 되고 있다. 곧 기독교의 교리는 일방적인 것이고 성경은 비과학적이라는 선입견이 그것이다. 그러므로 진화론과 창조론의 비교 시간을 통하여 적어도 왜곡된 편견을 바로잡아 줄 수 있을 것이고 균형 있는 사고를 할 수 있도록 도와줄 수 있을 것이다. 아직 성경에 대해서 관심이 없는 장병들에게 무턱대고 주입식 일변도의 성경공부나 교리공부를 시키는 것은, 한편 어느 정도는 필요한 일이기도 하겠으나 효과면에서는 크게 바람직하지 않다.

지금까지의 내용을 종합해보면, 세례 전 교육 기간과 내용은 8주 정도의 한국 기독교의 역사 및 인물 교육, 8주 정도의 창조론과

---

49 한국기독교역사연구소, 한국 기독교의 역사 II (서울: 기독교문사, 1997), 32.

기독교 세계관 교육, 8주 정도의 기독교 교리교육, 4주 정도의 기독교 생활교육이 이루어지는 것이 좋을 것이다. 이외에 각 교회마다 융통성 있게 꼭 필요하다고 생각되는 내용의 교육을 가감해도 좋을 것이다. 또한 이 교육이 진행되고 있는 동안에 예배에 계속 참석할 것이기 때문에 설교 시간을 통해서 주요한 기독교 교리들과 성경 내용을 소개받을 수 있을 것이다.

이러한 세례 전 교육 기간은 반드시 참가자들이 개인별 책자와 노트를 갖추도록 하고 인도자는 여러 가지 다양한 교육용 보조 자료를 적절하게 활용하여 진지하고도 흥미로운 학습 분위기 가운데 교육이 이루어지도록 할 때 큰 효과를 기대할 수가 있을 것이다.

표4. 세례 전 교육 내용

구 분	기 간	내 용	비 고
역사/인물교육	8주	한국기독교역사 및 인물	소그룹/기독교인물의 회심과 역할
창조론/세계관	8주	창조와 진화/기독교 세계관	비디오/ 슬라이드 강의
교리교육	8주	기독교 주요 교리	책자/ 강의/ 암기
생활교육	4주	신자의 생활/ 세례 전 교육	세례 결연 준비

(*위의 교육 시간과 내용은 교회에 따라서 융통성 있게 조정될 수 있을 것이다.)

또한 시간마다 간단한 과제물을 부여하여 참여자들이 사전 준비를 하도록 하고 학습 진도표를 작성하여 전 학습과정을 체크하도록 하며 모든 과정을 담을 수 있도록 사진앨범 등을 만들어 수료 시에 나누어주어 세례증과 더불어 의미 있는 개인별 소장품이 되도록 하는 것도 좋을 것이다.

> 세례 전 교육 기간과 내용은 8주간의 한국기독교 역사 및 인물교육, 8주간의 창조론과 진화론 등 기독교 세계관 교육, 8주간의 기독교 교리교육, 4주간의 생활교육이 좋을 것이다.

이 세례 전 교육 기간 중에 세례식을 준비하며 세례자의 주소지를 파악하고 전역 후 출석할 교회를 연결하며 해당교회 사역자와 신자들이 세례식에 참석하여 축하하고 결연식을 가질 수 있도록 제반 사항을 면밀하게 준비하도록 한다. 이때에 가능하다면 각 세례자와 군인교회 신자, 혹은 장차 출석할 교회의 교인들과 멘토 관계를 맺는 결연식을 병행도록 한다. 필요하다면 멘토 관계를 공식화하는 결연카드를 만들어 활용해도 좋을 것이다. 또한 결연교회 가운데 3개월 내외의 양육 소그룹 리더를 군인교회로 파송할 수 있는지 여부를 확인하고 결정하도록 한다.

C. 성화의 출발로서의 세례

앞에서 살펴본 바와 같이 약 6~7개월간, 24~28회 정도의 세례 전 교육은 입교한 장병들을 본격적인 기독교인의 생활로 안내하고 준비시키는 데 매우 중요한 역할을 하게 될 것이다. 때에 따라서 융통성 있게 예비 신자의 입교 교육 기간과 내용은 조정할 수 있을 것이다. 중요한 것은 자대에서의 약 6개월 내외의 세례 전 신앙교육과 기독교 세계관 교육을 통하여 세례 준비를 마쳤다는 성취감과 장차 기독교인으로의 긴 여정에 대한 기대감을 가지게 하는 것이다.

세례는 단순히 개 교회의 멤버십에 가입된 것을 확인하는 행사가 아니라 축복된 그리스도인의 삶을 본격적으로 시작하는 의식이며, 그리스도 안에서 계속 성장해가고자 하는 결심을 격려하는 예식인 동시에, 세례 받는 각 개인이 그리스도를 머리로 하는 모든 교회 공동체의 일원으로 자신의 삶을 통합해가겠다고 약속하는 엄숙한 선포식이다. 그러므로 세례식은 개인의 성취에만 초점을 맞추어서는 안 되며 공동체의 축하와 격려, 개인의 감사와 다짐에 의미의 균형을 맞추는 의식이어야 한다.

세례는 최대한 축복된 예식으로 준비되고 행해져야 할 것이다. 세례자를 축하하기 위한 꽃장식, 축하송, 기념선물, 신앙서적, 식사 등이 준비되면 좋을 것이다. 이때 미리 파악된 대로 세례자 장병의 주소지에서 앞으로 이 세례자를 후원하고 양육하는 일을 전담할 사역자들과 성도들 약간 명이 함께 참석하여 결연식을 가지도록 한다. 이렇게 결연된 교회는 세례자가 군에서 전역할 때까지 관계를 지속적으로 가지고 영적인 성장을 돕게 되는 것이다.

> 세례식에는 세례자들을 후원하고 공동양육할 교회 사역자들과 멘토들과의 결연식이 병행되며 전역 때까지 이 같은 관계는 지속되게 된다.

지금까지의 양육의 개념이 군인교회만의 독자적인 역할이었다면 새로운 모델에서는 앞으로 세례 받은 장병의 소속 교회와 장차 전역하여 출석할 교회 사역자와 성도들, 멘토들과의 공동양육이 세례와 동시에 시작되는 것이다. 이렇게 함으로써 세례를 받는 개인이나 이를 지원하는 공동체 모두가 그리스도인의 여정에는 하나님의 고귀한 목적이 깃들어 있으며 이를 위해 함께 협력해가야 한다는 약속과 다짐으로서 세례식의 의미를 심화시킬 수 있는 것이다.

D. 제자화에 목표를 둔 공동 양육

지금까지의 양육에 대한 개념은 성경과 교리를 커리큘럼에 의해 진행하는 것을 의미했다. 그러나 데이브 브라우닝(Dave Browning)은 지식의 전달보다 제자도가 중요하며 '단언컨대 제자도는 프로그램이 아니라 관계'[50]라고 말한다. 그는 "북미에서 제자도는 미국식 교육 시스템 탓에 복잡해졌다. 몇 단계 훈련이니 무슨 분야니 코스니 등급이니 하면서 광범위하게 설계된 계획안에 의해 진행된다.(예를 들면, 101, 201 단계 등) 사정이 이래서 우리가 제자도에 접근하는 방식은 '그 코스 마쳤어?' 하고 묻는 식이다"[51]라고 비판한다. 그러나 양육이란 그리스도와의 올바른 관계를 형성하도록 돕는 것이다.

일례로 가정에서의 양육을 생각해보라. 아버지 어머니나 가정생활, 사회생활에 대한 지식을 가르치는 것이 양육이 아니고 부모를 포함한 가족과 사회와 올바른 관계를 맺어가도록 이끌어주는 것

---

50 데이브 브라우닝, 『작은 교회가 답이다』, 구미정 역, (서울: 옥당, 2014), 60.
51 Ibid. 61.

이 양육의 핵심이다. 이러한 양육이 제대로 이루어지기 위해서는 양육의 환경이 중요하다. 곧 안정감, 일관성, 배려, 진리, 권위, 목표와 기대치 등이 있어야 한다. 양육의 목표가 제대로 달성되기 위해서는 앞에서 이야기한 양육의 여건이 제공되어야 한다. 그러나 군인교회는 인적, 물적 자원이 빈약한 경우가 허다하다. 이러한 단점을 보완하기 위해 결연을 맺은 민간교회에서 3개월 정도 군인교회에 출석하여 양육을 책임져줄 단기선교팀을 꾸려서 보내준다면 매우 바람직한 일이 될 것이다. 장래에 출석할 교회와 현재의 군인교회의 거리가 멀다면 이러한 사역을 감당할 헌신자를 별도의 교회에서 찾아서 협력과 지원을 요청하도록 한다.

물론 군인교회에 따라서는 지역상 거리가 멀어서, 혹은 교회 자체가 일반인이 접근하기 어려운 부대 안에 위치해 있어서 이런 사역에 제약이 따르는 교회도 상당수 있을 것이다. 이러한 군인교회들은 별도의 방안을 모색해야 한다. 서신이나 영상을 통해서 교육 내용을 전하는 방법, 혹은 면회를 통한 방법 등을 찾아내야 한다. 그러나 상황이 다소 어려워서 양육을 군인교회 자체로만 해결할 수밖에 없다 하더라도 기본적으로 결연을 통해 관계를 맺고 공동양육을 지속할 다양한 방법은 있을 것이다.

> 성경이나 교회생활에 대한 지식을 제공하는 것이 아니라, 신자들 상호간과 이웃, 역사와 자연, 생명의 주관자이신 하나님과의 올바른 관계를 맺도록 도와주는 것이 양육의 핵심이다.

주지하다시피, 한국교회는 해외 선교지에 다수의 선교사를 파송하고 교회를 개척하고 있으며 해당 지역 원주민을 위한 의료, 교육, 기술 지원 등의 활동 등을 활발하게 전개하고 있다. 그 가운데는 이슬람권과 같이 단기간에 선교 효과를 거두기 어려운 나라들로 포함되어 있다. 이와 같은 노력들은 결신자의 유무를 떠나 '하나님의 선교' 신학을 따라 행하는 매우 고귀한 노력들이 아닐 수 없다. 또한 많은 교회들이 적지 않은 선교비를 지출하여 기꺼이 장·단기선교에 나서고 있다. 하물며 장차 한국교회가 지속적으로 선교에 헌신할 수 있는 역량을 갖추기 위해서 미래의 중추적인 역할을 하게 될 청년신자를 위해 투자하는 것은 더 말할 나위 없이 중요하다. 더 나아가서 비단 자신의 교회에 출석할 미래 청년 교인을 얻기 위해서 뿐만 아니라 한국교회의 장래를 준비한다는 순수한 측면에서 군인교회에 양육팀을 보내고 결연과 후원에 헌신하는 것이 매우 중요하고 필요한 일이라는 것은 더 이상 설명할 필요가 없을 줄 안다. 각 교회가 당장의 이해관계를 떠나 전도의 순수성을 회복한다면 교회 전체의 공동체성 회복과 부흥에 큰 열매가 맺어질 것이다.

E. 회심에 대한 또 다른 이해

일반적으로 기독교인들에게 있어서 회심은 극적인 경험일 경우에만 그 의미가 있는 것으로 생각되어 왔다. 또 성령충만함으로 인한 특별한 은사가 동반되는 간증에 익숙해진 신자들에게 삶에서 일어나는 작은 생각과 행동의 변화 같은 이야기는 회심이라고 소개하기에 너무나 사소하고 평범한 것으로 여겨져 온 것도 사실이다. 또한 회심은 무신론자나 회의론자, 혹은 타 종교인이 기독교로 개종할 때에나 사용하는 용어로 간주되곤 했다. 고든 스미스는 그러나 회심이란, 모든 그리스도인들에게 일어나야 하고 실제 일어나고 있는 일이며 하나님은 거시적이고 미시적인 의미에서, 또한 종교의 틀이나 그 외의 영역에서도 성령을 통해서 회심의 역사를 만들고 있다고 역설한다. 그러므로 우리의 역할은 성령께서 일하시도록 교회다운 공동체를 만들어가는 것이며 회심은 온전히 성령 하나님께서 이루시는 오묘한 역사에 속하는 것이라고 한다.

그런 까닭에 회심이란 극적이고 결정적인 순간이라기보다는 사람이 분별하는 어떤 것이다. 회심은 흔히 하나님께서 우리 삶 가운데 임재하셔서 일하시는 아주 미묘한 방법을 인식하는 것이다. 기도든 '제단 초청'altar call에 대한 반응이든, 다른 어떤 결정적인 순간에 대한 반응이든, 하나님의 구원 사역의 중심을 우리의 행동에 두기보다, 하나님과 하나님의 행하심에 초점을 맞추어야 한다. 다른 말로 표현하자면, 회심은 분별에 관한 것이다.[52]

전도의 어려움과 더불어 기독교인의 정체성이 점차 멤버십

---

52 고든 스미스, Ibid. 165

membership으로 대체되어가는 세태에서 전도를 하고 목회사역을 하는 것은 매우 큰 고민을 가져다준다. 곧 전도와 양육, 그리고 성도의 최종적인 목표인 성화에 이르기까지의 과정이 너무나 험난하게 느껴지는 것이다. 그러나 그럴수록 조바심내지 않고 성경과 교회의 전통, 예전에서 영감을 얻고 세상 문화에 개방적인 태도를 견지하면서, 또한 교회를 세우신 그리스도 앞에 더욱 겸손한 자세를 유지하면서 건전한 신앙공동체를 이루어가는 데 초점을 맞추어가야 할 것이다. 그럴 때에 드라마틱하게는 아니더라도 '안개 속에서 도시의 아침이 점차 분명하게 밝아오듯이' 하나님의 계획하심과 섭리하심이 교회와 각 신자 개인들을 통하여 분명하게 드러날 것으로 생각된다. 성령께 의존하는 겸손함을 가지고 다음과 같은 노력을 기울임으로써 청년장병 사역을 더욱 공고히 할 수 있을 것이다.

> 회심이란 드라마틱하고도 완전한 한 사건만을 의미하는 것이 아니라 신자의 삶에 나타나는 작은 변화이며 기독교적인 분별력이기도 하다.

(1) 멘토링

미국의 루터신학교Luther Seminary와 남침례교단에 소속된 사우스웨스턴신학교Southwestern Seminary에서 성인이 된 뒤에도 계속해서 신앙을 유지했던 이들이 청소년기에 경험한 신앙생활을 조사해 보았다. 그 결과, 그들이 출석했던 교회에서 모든 가족 구성원들을 포함하는 신앙 프로그램들을 활성화시켰고, 청소년들로 하여금 교회의 성인 회중과 함께 드리는 예배에서 순서를 맡거나 봉사에 참여할 수 있는 기회를 자주 부여하였다고 한다. 또한 통계적으로는 성장 과정에서 자신들의 신앙생활에 영향력을 주는 (부모 이외의) 성인 멘토가 3명 이상이 있을 경우 신앙이 평생 지속될 가능성이 높았다고 한다. 따라서 교회의 가족적 공동체 형성은 차세대 복음화에 상당한 변수가 될 전망이다.[53]

필자는 이러한 분석을 받아들여 장병 신자 한 사람당 3명의 멘토를 세우되 1명은 군인교회에서, 그리고 나머지 2명은 결연된 민간교회에서 찾아 연결하는 방안을 제시해보고자 한다. 처음에는 물론 조금 인위적인 느낌이 들 수 있겠지만 차차 자연스럽게 멘토 역할을 상호 긍정적으로 받아들일 수 있다면 장병의 신앙 성장과 교회 정착에 매우 큰 효과를 가져올 수 있을 것이다. 군인교회에서는 교회에 출석하는 간부가 3~5인 정도의 장병 신자의 멘토 역할을 동시에 수행할 수가 있을 것이다. 군인교회 멘토는 대상자의 군생활을 지도하고 교회 출석을 확인하며 정기적인 그룹모임을 통하여 신앙생활에 대한 상담을 진행하고 별도의 친교의 시간을 가지도록 한다. 결연교회에서는 가급적 장병의 전공이나, 관심 분야에 모델이 될 수 있는 성도를 선정하는 것도 고려해봄직하다.

일반교회의 신자로서 멘토의 역할을 하는 대상자에게는 1달에 1~2번 정도의 전화 및 메일 교환을 장려하고 평소에 신앙서적 등을

---

[53] 김선일, Ibid. 89.

보내는 일을 할 수가 있을 것이다. 그밖에 축하할 날짜를 기억하여 카드를 보낸다거나 가능하면 온가족과 함께 시간을 내어서 면회를 올 수도 있을 것이며 장병 신자가 휴가를 나올 때 잠깐의 시간을 함께 갖는 것만으로도 의미 있는 관계가 될 수 있을 것이다. 멘토는 신앙생활에 대한 조언은 물론 군생활, 인간관계, 향후 진로, 개인적 고민 등에 대한 상담에 응할 수 있다. 어떤 경우이든 멘토의 역할을 할 신자는 교회에서는 물론 사회생활에서도 모범적인 삶을 영위하는 신자이어야 함은 물론이다.

(2) 소그룹 만들기

마이클 프로스트Michael Frost는 "대다수의 교육기관은 그저 타인에게서 전수받은 지식보다 스스로 발견한 지식이 결국 자기 것으로 남는다는 점을 확신하고 있다"면서 학습자가 수동적 자세를 취하기보다 능동적으로 참여할 때 더욱 효과적인 학습이 된다는 점을 말하고 있다.[54] 바로 이러한 면에서 소그룹은 교인들의 능동적인 참여와 실천적 삶을 이끄는 데 중요하다고 보인다.

소그룹에서는 구성원들 간에 상호작용과 실천이 활발하게 일어나게 된다. 서로의 상태를 가까운 곳에서 돌봐주면서 자신의 상태를 점검할 수 있으며 보다 정직하게 자신을 대면할 수 있고 상대방을 지원하면서 사랑과 은사를 키워나갈 수가 있다. 각 개인은 지속적으

---

54 마이클 프로스트, 『일상, 하나님의 신비(Eyes Wide Open: Seeing God in the Ordinary)』, 홍병룡 역, (서울: IVP, 2012), 49.

로 자신의 신앙적 상태가 교회 공동체에 합당한지를 점검하며 리더십을 향상시킴으로써 소그룹을 신앙의 실험실로 사용할 수 있다. 또한 소그룹에서는 피라미드형의 조직에서 발생하기 쉬운 서열화와 획일주의, 일방주의의 위험을 피할 수 있기 때문에 공동체 형성에 훨씬 효과적이다.

소그룹은 은사개발과 장차 소그룹을 이끌 수습 리더를 세우는 데 효과적이다. 빌 도나휴는 수습 리더의 필요성에 대해서 말하기를 "각 그룹은 한 사람의 리더와 리더십을 훈련하는 최소한 한 사람 이상의 수습 리더, 그리고 열린 소그룹의 가치를 배우면서 리더십을 계발해 가는 다른 여러 사람들로 구성된다."[55]고 한다. 한편, 그룹은 여러 가지 요구(과제들)를 가지는데 그것들을 나누어보면 우선 그룹 내 구성원들의 필요를 채워주어야 하는 요구, 그리고 과제를 성취하는 데 따르는 요구와 그룹을 조성하고 유지하는 데 필요한 요구들이 그것이다.

물론 소그룹은 가능성과 위험성을 모두 안고 있다. 소그룹은 밝은 면과 어두운 면을 모두 가지고 있다. 성숙되지 못한 리더나 그룹원으로 인하여 갈등하고 상처받으며 정체되는 소그룹이 있을 수 있다. 그럼에도 불구하고 소그룹에서 서로를 용납하고 이해하며 섬기고 돌볼 수 없다면 어떻게 신앙의 실질적 성장을 이룰 수 있을 것이며 선교의 큰 사명을 운운할 수 있을 것인가?

---

[55] 빌 도나휴, 『삶을 변화시키는 소그룹 인도법』, 김주성 역, (서울: 국제제자훈련원, 2012), 18.

개러스 아이스노글$^{Gareth\ W.\ Icenogle}$ 교수는 "오늘날 많은 '가족 이미지와 언어들이 대규모의 그리스도인 모임에서 자주 사용되고 있다. 이것은 성경의 역사와 신학에 다소 위배되는 것이다. 가족은 서로의 삶을 나누고 역동적인 대인관계를 이룰 수 있는 정도의 소수여야 한다. 대규모 그룹 모임은 '한 가족'이 될 수 없다. 그것은 많은 가족들의 모임일 뿐이다"[56]라고 말하며 교회 안에 소그룹의 필요성을 역설한다. 이처럼 가족과 같은 친밀한 공동체성을 향유하기 위해서는 소그룹이 필요하다. 소그룹의 유익함은 친밀성, 소통, 안정감 등이다.

정재영은 말하기를 "소그룹 운동은 개별 소그룹이 자율성을 갖는 연결망형 구조다. 인도자 한사람에게 집중되는 기존의 구역이나 속회와 달리, 소그룹 활동은 구성원 사이에 평등한 관계를 도모하고 자주적이고 민주적인 운영을 추구한다. 이런 소그룹은 탈현대 사회의 특징인 유동성과 다양성을 수용할 수 있는 구조이며 보다 많은 개별 구성원들이 참여할 수 있다"[57]고 한다. 필자의 견해로는 세례 전 교육 시는 물론 군인교회의 신앙생활 전반에서 소그룹이 필요하다고 본다. 소그룹을 이끄는 리더가 그룹을 인도하면서 관계 형성을 돕기 위해 어느 정도의 기술을 의도적으로 사용할 수 있다면 더욱 효과적일 것이다. 이에 대한 도움을 시중에 나와 있는 책자를 통해서 얻을 수 있다. 그 중에 빌 도나휴$^{Bill\ Donahue}$의 '삶을 변화시키는 소그룹

---

56 개러스 아이스노글, 『소그룹 사역을 위한 성경적 기초』, 김선일 역, (서울: SFC, 2007), 189.
57 정재영, Ibid. 25.

인도법'의 '관계형성'이란 장에서 긴요한 도움을 받을 수가 있다.[58]

"서로 다른 배경을 가진 사람들이 서로에게 헌신하고 친밀하게 교제하며 서로 다른 점을 치유해나갈 때, 우리는 이러한 소그룹 공동체를 통해 얻는 힘으로 세상의 문화를 변화시킬 수 있는 존재가 될 수 있다"[59]는 말처럼 소그룹은 소속감뿐만 아니라 기독교인으로서의 정체성을 고양시키며 작은 실천을 통한 문화의 창조자라는 책임감과 자신감을 나눌 수가 있다. 의사교환 및 결정이 신속하고, 상호교감 및 지원이 넉넉하며 빠른 피드백을 얻을 수가 있으며 가족과 같은 유대감을 형성할 수 있는 것이 소그룹이 갖는 장점이다.

소그룹원으로서의 예배나 친교, 봉사활동의 참여는 더욱 자발성이 요구되는 일이며 각자는 다수의 대중 속으로 숨어버릴 수 없기 때문에 영적인 성장에 더 많은 기회를 갖고 격려를 경험하게 된다. 또한 신앙생활이나 생활의 문제를 가지고 도움을 필요로 하는 경우 더욱 직접적인 도움을 제공받을 수가 있는 장점이 있다. 물론 소그룹이 가지는 약점도 있을 수 있다. 여러 가지 활동에 참여해달라는 요청이나 지속적인 신앙적 요구에 직면하게 되어 부담감을 느낄 수 있을 것이며 인격적으로 성숙되지 않은 리더나 팀원들로 인해 직접적인 어려움을 겪을 가능성도 있다.

---

58 빌 도나휴, Ibid.
59 유성준, 『세이비어교회』, (서울: 평단, 2007), 80.

의사교환 및 결정이 신속하고, 상호교감 및 지원이 넉넉하며 빠른 피드백을 얻을 수 있으며 가족과 같은 유대감을 형성할 수 있는 것이 소그룹이 갖는 장점이다.

표5. 공동체적 교회의 소그룹 사역 유형 특징

유 형	세부적 구분	핵심 키워드	구조 / 중점
예배를 위한 소그룹	1. 찬미 소그룹 2. 기도 소그룹 3. 지원사역 소그룹	'하나님의 임재'	1. 리더/수습 리더/팀원 2. 예배의 감격, 화해, 회복을 위한 활동
교제를 위한 소그룹	1. 교회 내 교제팀 2. 교회 밖을 향한 교제팀	'즐 거 움'	1. 리더/수습 리더/팀원 2. 봉사가 아닌 교제의 정신으로 섬김
돌봄과 성장을 위한 소그룹	1. 성경공부 소그룹 2. 교회학교 소그룹 3. 선교 소그룹	'희망 나눔'	1. 리더/수습 리더/팀원 2. 성장을 돕는 멘토링/ 네트워크

그러나 이러한 약점에도 불구하고 소그룹이 가지는 장점을 취대한 살려 장병 신자들을 격려하고 지원하며 인도하면 많은 초신자들을 교회에 정착시키는 데 큰 효과를 거둘 수가 있을 것이다. 군교회에 출석하는 장병들은 낮은 계급으로 인해 느낄 수 있는 심리적 위축감과 더불어 생활의 피로도, 그리고 비교적 단기간을 복무하면 군을 떠난다는 생각과 교회멤버들 간 역동성의 부족으로 인해 교회 출석과 신앙생활에 피동적일 수 있기 때문에 소그룹을 통한 관계 맺기는 이 같은 부정적 요인을 없애고 참여의식을 높일 수 있는 좋은 장치가 될 것이 틀림없다. 소그룹을 통해 기독교 신앙 안에 있는 형제애와 위로, 소망을 더 풍성하게 경험하게 될 때 교회 공동체에 뿌

리를 깊이 내리고 앞으로의 신앙 활동에도 더욱 적극적인 태도를 확립할 수 있을 것이다.

(3) 공동체 제공하기

비전 2020실천운동을 이끈 주체들이 주목하였던 내용에서 긍정적인 면을 꼽자면 그중 하나는 양육의 중요성이었다. 곧 세례 받은 장병을 소속 부대에서 양육하여 명목상의 신자가 아닌 실질적으로 신자화 하는 노력이 필요하다는 점을 인식했다는 것이다. 이를 위하여 군선교연합회에서는 『좋은 군사』와 『더 좋은 군사』라는 교재를 발간하여 군인교회에 보급하기도 했다. 그러나 양육에 대한 필요성은 인식하였지만 양육에 대한 이해는 많이 부족했던 것이 사실이다. 즉 양육을 지나치게 단순화시켜 본 것이다. 양육에 대한 이해가 기독교 교리나 성경을 체계적으로 가르치려는 한 측면에만 기울어져 있었던 것이다. 이러한 개념에서 나온 양육의 일차적 목표는 세례 받은 장병이 교회에서 이탈하지 않고 신앙생활을 지속하며 전역하여 민간교회에 안착하는 것을 지향하고 있었다고 볼 수 있겠다. 그러니까 양육의 과정이나 목표가 기독교인으로서 알아야 할 목록을 작성하여 그것을 대상자에게 주입시키는 데 머물렀다는 것이다. 그러므로 당연하게 양육의 조건은 적당한 교재와 교육시간을 확보하는 수준에 그치고 말았다.

그러나 양육은 건전한 그리스도 공동체를 필요로 한다. 곧 학교나 과외공부에서 하듯이 지식체계를 가르치는 것이 양육의 전부가 될 수 없는 것이다. 그러므로 먼저 양육의 환경이 중요하다. 앞서도 언급했듯이, 일례로 한 아이를 양육하는 가정을 생각해보면 양육에 있어서 필수적인 요소들로서 부모의 도덕적 인격적 권위, 사랑, 일관성, 안정감, 진리와 교훈을 전달하는 탁월한 기술, 친교 등이며 무엇보다 이것을 경험하게 해줄 수 있는 공동체 자체가 중요하다. 이 중에서 한 가지라도 결여되게 된다면 아이는 신뢰감을 상실하고 정서적, 의지적 혼란을 겪게 될 가능성이 크다 하겠다.

지금까지 군선교 정책은 양육을 단순히 교리공부나 성경을 체계적으로 가르치는 것으로 보았다. 그러나 그러한 환경을 거의 제공해주지 못하는 경우가 많았다. 이것은 군선교 정책이 잘못되었다기보다는 군교회의 구조적인 문제이다. 필자가 군생활을 해온 지난 10수년 사이에 연대급이나 사단급 교회는 사역에 헌신할 수 있는 간부 및 가족의 숫자가 절반 정도로 줄어들었으며, 대부분 연대급이나 대대급 교회는 제대로 된 공동체를 형성하는 데 더욱 많은 어려움을 겪게 되었다. 그러므로 연대 및 대대급의 군목이나 민간성직자는 이에 대한 각별한 노력을 기울여야 한다.

앞으로 더욱더 군장병 전도와 양육에서 그 중요성이 부각되고 있는 대대급 혹은 연대급 교회의 활성화를 촉진시키고 유능한 지도자를 세우며 적절한 프로그램을 도입하는 동시에 군교회가 가진 한계점을 명확히 파악하여 민간교회와 협력하여 자원을 효과적으로 배분하고 통합하는 지혜를 발휘해야 한다. 이렇게 하여 청년장병들의 신앙이 성장할 수 있는 양육 공동체를 형성하여야 한다. 연대 혹은 대대급 교회가 형편상 일반인들이 접근하기 어려운 오지나 출입 자체가 금지된 곳이라면, 요즘 발달한 영상을 활용하여 상호교제하고 성경공부를 진행시키는 방법도 제한적이긴 하지만 고려해볼 수 있을 것이다. 곧 온라인$^{on-line}$과 오프라인$^{off-line}$을 적절하게 병용하는 방법을 모색해야 한다.

양육 공동체에 꼭 필요한 요소들을 다시 정리해보자면 우선 양육 대상자인 다양한 모습의 청년 장병들을 포용할 수 있는 가정적 분위기의 교회와 성도들이 있어야 한다. 또한 경건하고 감성이 풍부하게 표현되는 예배, 훌륭한 내용의 성경 및 교리 공부 프로그램, 이들을 체계적으로 이끌 수 있는 리더가 있는 소그룹, 이들을 교회 안팎에서 이끌어주고 지원할 수 있는 멘토링 그룹 등을 들 수 있을 것이다.

F. 소속과 정착을 위한 방법

군 장병들이 군인교회에 머무는 기간은 아무리 길어야 2년 안팎이다. 그러므로 앞으로 전역할 장병들을 민간교회에 정착시키는 것은 군인교회가 필수적으로 감당해야 할 중요한 과업이기도 하다. 그러나 실질적으로 지금까지는 이와 같은 역할을 거의 해오지 못했다고 해도 과언이 아니며, 했다손 치더라도 매우 미흡한 수준이었다고 보는 것이 맞을 것이다. 실제로 현재 상황에서 장병들을 민간교회에 정착시키기 위한 노력을 제대로 기울이고 있는 군인교회가 과연 몇이나 될까 하는 의문이 든다. 현재 군인교회는 당장 출석 중인 장병과 가족 신자들을 돌보는 데에도 힘이 부치는 것이 현실이며 전역할 장병들이 이후에 신앙생활을 어떻게 할지는 장병들 자신의 선택과 민간교회에 책임을 미루는 데 머물고 있다. 그러므로 앞으로는 보다 장기적이고 세부적인 계획을 가지고 장병들이 전역 후에 신앙생활을 해나가도록 준비시키는 체계적인 사역을 전개해나가야 할 것이다.

장병들의 제대 후 신앙생활을 지도하는 일은 전역을 앞두고 급하게 서둘러서는 효과를 볼 수가 없으며 단순히 행정적으로 연결하는 식이어서도 안 된다. 이를테면 '전역 전 신자 장병들을 위한 세미나' 같은 프로그램 같은 것이 필요할 수도 있을 것이다. 앞에서 제안한 방안을 충실히 실행해봄으로써 보다 실효성 있는 연결 및 정착시키기가 이루어지길 기대해본다. 이제야말로 군인교회와 민간교회가 공동의 양육과 소속시키기를 위한 공동의 노력을 경주해야 할 때인 것이다.

이규현은 그의 논문에서 사회 네트워크 이론에 가장 큰 영향을 미친 사회학자 마크 그라노베트 Mark Granovette 의 「연결의 힘」 the Strength of Weak Ties 이라는 논문을 소개하고 있는데, 그는 사회적 관계에 참여하고 있는 사람들의 관계의 강도를 기준으로 강한 연결 strong tie 과 약한 연결 weak tie 로 구분지었다. 강한 연결은 부모와 자식의 관계, 부부 관계와 같이 참여 행위자들 모두가 그 관계를 매우 중요하게 생각하며 이 관계를 훼손하려는 어떤 방해에 대하여 적극적으로 대처하는 관계를 의미하며, 약한 연결이란 참여자에게 그 관계가 일상생활에서 중요도가 떨어지는 작은 부분으로 간주되거나 제한적인 관계를 유지하기 위한 것으로서 헌신도가 낮은 경우이다.[60] 신자로서의 강한 연결은 인위적으로 만들어지는 것이 아니다. 그것은 영적인 자각과 소속감, 가슴 깊은 곳에서 우러나오는 사명감에서 비롯되는 것으로서 그리스도 중심적인 신앙을 가짐으로써만 가능하다.

이상에서 살펴본 바대로 결국 양육과 연결의 지향점이 지식체계의 전수나 외적인 결연이 아니라 온전한 회심에 따른 예수 그리스도와 교회 공동체와의 전향적 관계 맺기로 향해야 한다는 것을 알 수 있다. 그리스도인이 교회에 소속되고 어떠한 위협 속에서도 굳건히 자기 신앙을 지키는 것은 외적인 유대관계로서가 아니라 내적인 확신과 헌신에서만 가능하다. 유대교의 랍비요 사회적 지도자였고 그리스도인들을 멸시하고 핍박했던 사도 바울이 오히려 그리스도와 끊을 수 없는 관계가 된 것은 진정한 회심이 전기가 된 것이었으며 어떤 인간적인 회유나 설득, 관계 맺기에서 비롯된 것이 아니다. 이에 대하여 사도 바울은 자신의 회심과 더불어 전도자로서의 삶이 어떠한 인간적 동기에서 비롯된 것이 결코 아니며 전적으로 예수 그리스도와 성령의 역사로 된 것임을 밝히고 있다.

> "사람들에게서 난 것도 아니요 사람으로 말미암은 것도 아니요 오직 예수 그리스도와 그를 죽은 자 가운데서 살리신 하나님 아버지로 말미암아 사도된 바울은"(갈라디아서 1장 1절)

---

60 이규현, Ibid. 119.

표6. 세례에서 정착까지의 신구 모델

● 연결의 정도

구분	강함	보통	약함
상호성	3	2	1
적극성	3	2	1

● 현재의 모델

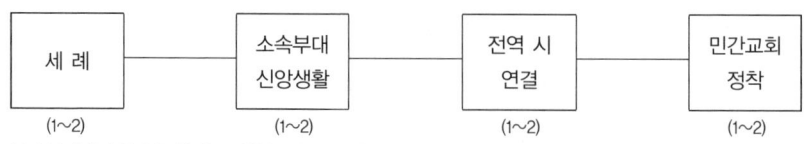

(소속부대에서 양육을 한다는 방침은 있으나 교육단계와 내용이 미흡함)

● 새로운 모델

(세례 전 교육을 강화하고 세례식부터 민간교회와 공동 양육을 시작함)

사도바울이 그리스도의 사도가 된 이후로 그에게 일어난 일은 세상적 영화나 즐거움과는 거리가 먼 것들이었다. 온갖 반대와 박해와 모독이 그를 따라다녔지만 예수 그리스도와의 관계는 흔들리지 않았다. 그것은 온전한 회심으로써 그리스도와 연결되었기 때문에 가능한 일이었으며 사도 바울과 같은 길을 걸어간 모든 그리스도인들도 이러한 점에서 동일하였다. 이 같은 사실은 기독교 역사가 증명하는 것으로, 온전한 회심을 체험한 수많은 신앙인들과 전도자들은 그리스도인으로서의 자신의 선택을 자신의 취향이나 지혜의 소산으로 여기지 않았고 온전히 하나님의 부르심과 이에 따른 소명으로 받아들였다. 그들은 개인적으로 예수 그리스도를 인격적으로 영접하는 체험을 통하여 그가 "값을 주고 사신"(고린도전서 6장 20절) 교회 공동체와의 강한 연결로 맺어졌다. 그러므로 이 공동체를 위해 헌신하는 것을 자신의 소명으로 여겼다는 특징을 가지고 있으며 또한 이러한 헌신자들은 다른 이들을 온전한 회심으로 이끄는 목표를 가지고 있었다.

> 신자로서의 강한 연결은 인위적으로 만들어지는 것이 아니다. 그것은 영적인 자각과 소속감, 가슴 깊은 곳에서 우러나오는 사명감에서 비롯되는 것으로 그리스도 중심적인 신앙을 가질 때 가능하다.

이런 사실들에서 볼 때 신자를 정착시키는 비결은 온전한 회심에 초점을 맞추고 양육의 요소들을 충족시키는 공동체성을 강화하는 것 외에 다른 방법이 있을 수 없다. 비전 2020실천운동 기간 동안 세례를 베풀었던 300만 명이 넘는 장병 신자를 강한 연결로 이끌어 내지 못한 것은 행정의 문제가 아니라 신학적 성찰의 문제이며 세속적 목표와 욕심을 버리고 성령의 역사를 따르는 겸손한 순종이 부족했던 것이 아닌가를 심각히 생각해 보아야 한다.

"내가 확신하노니 사망이나 생명이나 천사들이나 권세자들이나 현재 일이나 장래 일이나 능력이나 높음이나 깊음이나 다른 어떤 피조물이라도 우리를 우리 주 그리스도 예수 안에 있는 하나님의 사랑에서 끊을 수 없으리라"(로마서 8장 38~39절)

카타콤
신앙을 지키다가 기꺼이 순교한 기독교인들은 그들의 신앙과 삶을 개인적인 선택이 아닌 공적인 부르심과 소명으로 받아들였으며 그리스도께 소속되어 있다고 확신한 신앙의 고리를 세상이 끊을 수가 없었다.

제7장

청년장병 양육 패러다임

　지금까지 군장병 신자들의 입교부터 그들을 민간교회에 효과적으로 정착시키기 위한 과정들까지를 살펴보았다. 앞의 방안들이 초신자를 입교부터 전역 시까지 양육해가는 실질적인 단계별 방법이라면 필자가 여기서 제시하고자 하는 것은 질적인 의미의 개념적인 모델이라고 할 수 있다. 먼저 한 번 더 생각해야 할 것은 부대의 상황이나 장병들의 의식이 과거와는 판이하게 달라졌다는 것이다.

　한때 군목들 사이에서는 "누구누구가 퍼펙트Perfect를 달성했다더라"는 말이 종종 회자되고는 했다. 내용인즉슨, 어느 부대의 군목이 신교대에 입교한 한 기수 150명 내지는 200명에게 전부 세례를 베풀었다는 것이었다. 이러한 이야기는 어느 틈엔가 해당 군목의 유능함과 열정을 확정짓는 사례가 되고 다른 군목들의 부러움과 질시를 자아내는 소재가 되곤 했다. 또한 이러한 사례가 여타 군목들의 열심을 촉구하고 그들 열정의 부족함을 질타하는 데 이용되기도 했다. 그러나 전도란 즉각적인 개종 사건으로 끝나는 것이 아니라, 앞에서 말한 바와 같이 오랜 기간 동안 일어나는 한 사람의 질적인 변화를 위한 첫걸음에 불과한 것이다. 전도는 결코 개인의 성과나 업적이 될 수 없으며 100명의 세례와 1명의 세례의 가치를 상대적으로 비교하는 것도 불가능하다. 200명의 세례자 중에 1~2명의 회심자가 생길지, 100명 가운데서 10명의 회심자가 생길지는 아무도 모른다. 인간을 진심으로 회심시키고 온전한 그리스도인으로 성장시키는 것은 전적으로 성령의 역사이기 때문이다. 또한 전도의 상황이 결코 과거와 같지 않다는 점을 생각하여 외적인 목표를 달성하고자 하는 성급함을 버리고 장기적인 안목을 가지고 접근해야 할 것이다.

비즈니스계에서 회자되는 '하드 셀(hard sell, 적극적인 판매)'과 '소프트 셀(soft sell, 상냥한 상술)'이라는 용어가 있다. 하드 셀은 말 그대로 '강매'로서 상대방이 상품을 꼭 구매하도록 강하게 압박하고 설득하는 방식을 말한다. 상품을 사지 않을 경우 큰 손해를 보는 것처럼 회유하고 상품구매 시 큰 이익이 있을 것으로 과장하는 것이다. 소프트 셀이란 이와는 반대로 상품을 사는 경우의 이익을 논리적으로 차분하게 설명하고 상대방의 선택 의사를 존중하며 지금 즉시 상품을 바로 구매하지 않더라도 이후까지 호의적인 관계를 지속할 수 있도록 관계망을 구축하여 나중을 기약할 수 있도록 하는 방식이다. 굳이 부연하지 않더라도 오늘날 우리가 어떤 방식을 취해야 할 것인지는 자명한 것이다. 길거리 전도 시 일부 신자들이 외치는 '예수 천당! 불신 지옥!'의 경우, 비록 맞는 말이라 할지라도 상대방을 무시하는 듯 일방적으로 퍼붓는 무례한 언어로서는 듣는 사람들의 마음을 열지 못할 뿐만 아니라 오히려 반발심만 불러일으킬 수 있는 것이다. 이러한 논의를 바탕으로 여기서는 부대 장병들에게 복음을 전하는 소프트 셀 방식에 대해서 생각해보고자 한다.

1. 환대 Welcome

누구든지 교회에 처음 나올 때는 부담감과 기대감을 동시에 가지고 오기 마련이다. 그 가운데 어느 부분에서 더 강한 자극이나 감동을 느끼는가에 따라 다음 집회 참석에 상당한 영향을 받게 될 것이며 초신자일수록 그러한 현상은 더 심할 것으로 생각된다. 이를테면 새로 나온 신자에게 "잘 왔다"거나 "환영합니다"라고 말하는 것은 그 당사자가 느끼기에 "정말 잘 왔구나" 라는 생각이 들 때에만 의미 있는 표현이 된다. 이를테면 말로 표현된 언어와 표정에 나타난 언어, 그리고 행동으로 전달되는 언어가 정확하게 일치되어야만 그 진정성을 느끼게 될 것이라는 말이다. 어느 교회에서는 새신자 환영 시간에 앞으로 나오게 하여 세워놓고는 장시간 환영의 노래를 부르거나 자기소개를 하게 함으로써 새신자를 당황시키는 경우가 있다. 이것은 환영받는다는 느낌보다는 스트레스와 부담감을 가지게 하여 일시적으로나마 마음을 닫아버리는 결과를 빚어낼 수도 있는 것이다.

그렇다면 환대의 요소란 무엇일까? 과장되지 않은 진실한 환영 의식과 주차나 예배와 좌석에 대한 친절한 안내, 정성스런 음식 제공, 간결하고 친절한 오리엔테이션 등이 될 것이며 깨끗하고 질서 있게 정돈된 환경도 중요할 것이다. 중요한 점은 이 모든 면에서 수요자 중심적으로 사고해야 하며 배려해야 한다는 것이다. 이러한 환대는 새 신자를 맞아들일 때에만 그렇게 해야 한다는 의미가 아니며 교회는 늘 신자를 환영한다는 느낌을 갖게 해야 한다. 특히 군인교회의 장병들은 가정을 떠나온 고독감과 앞으로의 군생활에 막연한 두려움을 느끼고 있는 경우가 많다. 그들이 환영받고 존중받고 있다고 느끼려면 수요자 중심의 예배, 공간 배치, 생활에 지혜를 주는 성경공부, 마음을 터놓을 수 있는 친교 프로그램, 상담 및 소그룹 등이 배려되어야 한다. 낯선 환경과 낮은 계급, 부여된 새로운 임무 등으로 심리적으로 위축된 상태에서 조심스럽게 교회를 찾아온 청년 장병들에게 진정성 있는 환대는 그들의 마음을 활짝 열게 하는 첫걸음이 될 것이다.

표7. 환대 지수 측정표

항목	점수				
	5	4	3	2	1
우리 교회는 단정하고 깨끗하다					
주차 및 예배 안내자가 친절하다					
별도의 새신자실이 준비되어 있다					
예배 전후에 담임목사가 새신자를 만난다					
새신자에게 줄 안내 책자와 선물이 준비되어 있다					
식사시간에 새신자 좌석이 준비되어 있다					
새신자를 위한 소그룹이 있다					
청소년들이 교제할 공간이나 체육시설이 있다					
예배순서는 간결하고 명확하게 진행된다					
매주 식사는 맛있고 그 시간은 유쾌하다					

2. 각성시키기 Awakening

대개의 교회에서 새로 나온 신자들을 교육한다고 하면 죄와 구원의 교리부터 가르치거나 단계별 성경공부를 시작하곤 하는데 물론 이것은 필요한 절차이기는 하지만 종종 이를 받아들이는 초신자들에게는 너무 서두르는 느낌을 가지게 하는 등 적지 않은 심리적 부담감을 줄 수 있다는 데 문제가 있다. 이러한 교육 절차는 경우에 따라서 초신자들로 하여금 자신이 선택권 없는 상태에서 일방통행적인, '특정 교회 신자 만들기'의 긴 통로에 들어서게 된 것이 아닌가 하는 일말의 심리적 저항감을 느끼게 할 수 있다. 더군다나 많은 교회에서 실시되는 교육이란 일련의 짜인 학습과정을 숨고를 틈이 없이 따라가야 하는 방식으로, 스스로 지성인임을 자부하는 사람들에게는 너무나 단순하고 일방적으로 느껴질 수가 있다.

오늘날에는 기독교 교리교육시간이라 할지라도 무조건적인 믿음을 강요하는 방식은 받아들여지기 어려우며 상호 커뮤니케이션이 이루어지고 보다 진지한 대화의 시간이 주어지는 것이 바람직하다고 여겨진다. 윌슨 미즈너Wilson Mizner는 "나는 믿음을 존중하지만 우리를 가르치는 것은 의구심이다"라고 말했다. 이것은 다소 역설적인 표현으로, 더욱 깊이 있는 믿음이란 의구심과 회의라는 몇 군데의 간이역을 거쳐서 마침내 그리스도인으로서의 자기 선언이라는 확실한 종착역을 향해 가는 것임을 뜻한다. 그러므로 신자들의 진지한 질문을 불신앙으로 폄하해서는 안 되며 자연스럽고 개방적인 분위기를 만들어줌으로써 지적이고 영적인 모색이 존중되도록 해야 할 것이다.

또한 청년 장병들의 마음을 열게 하고 기독교(교리, 혹은 신앙)에 호감과 궁금증을 갖게 하려면 현실 문제에서 신앙적인 대답으로 접근해가는 방식을 쓰는 것이 좋다. 이제 갓 입교한 청년장병들에게 신앙교육을 한다고 처음부터 교리교육에만 매달릴 것이 아니라 현실 속에서 피부에 와 닿는 문제들을 제기하고 그 해답을 함께 찾아가는 과정에서 성경의 진리를 발견함으로 기독교 신앙 탐구에 호기심을 느끼도록 하는 접근 방식이 좋다고 본다. 필자는 그런 면에서 '한국 기독교 역사와 인물' 교육이 좋은 소재라고 생각된다.[61]

한국 기독교가 들어왔을 때 자주독립과 민주 사회발전을 희구한 많은 선각자들이 기독교에서 그 해답을 얻었다. 물론 죄로부터의 용서와 자유를 찾다가 기독교에 입교한 예도 허다하게 많다. 안창호, 이상재, 윤치호, 이승훈 등, 이름만 들어도 놀랄만한 기라성 같은 인물들이 기독교를 통해 회심했고 사회에 헌신했다. 한국 기독교사를 들추어보면 초기 기독교가 해방과 자유, 인권, 과학, 의료, 교육, 민주주의 발전에 얼마나 크게 기여했는지를 깨닫고 감탄하게 될 것이라 믿는다. 이런 이야기들은 비록 비신앙인이라 할지라도 기독교에 대한 새로운 인식과 호감을 가지도록 할 수 있다. 더러 극소수의 예를 침소봉대하여 한국 기독교가 해온 역할을 퇴색시키고 훼손

---

61 이덕주, 『새롭게 쓴 개종이야기』, (서울: 한국기독교역사연구소, 2003)

하려고 하는 사람들이 있는데, 이러한 잘못된 역사 이해를 바로잡을 수 있으며 역사 속 기독교 인물들의 이야기가 주는 감동과 그는 힘이 보다 강력할 것이라고 여겨진다.

이를테면 백정 출신의 박성춘 장로는 조선시대의 하류계층으로서 칠천반[62]에 속한 사람으로서 양반집 아이들에게조차 머리를 숙여야 하는 미천한 사람이었지만, 그가 병들어 누워 있을 때 임금의 주치의였던 에비슨이 찾아와 손수 치료해준 것에 큰 감동을 받고 그리스도인이 되었다. 그리하여 1914년에는 장로가 되어 왕의 친족이었던 이재형 장로와 같이 한 교회에서 시무하게 되었다.[63] 또한 김정식과 이상재, 유성준 등이 개혁과 자주를 위해 모의하다가 정적인 이근택에게 체포되어 투옥된 후로 철저하게 유교사상에 길들여있던 그들이 감옥에서 성서를 탐독하게 되고 드디어 감옥 안 기도회에서 큰 감동을 받고 이전까지 '타도와 복수의 대상'으로 여겨졌던 이근택을 감옥에서 하나님을 만나게 해준 '감사한 사람'으로 여기게 되었다는 이야기도 매우 드라마틱한 간증 이야기가 아닐 수 없다.[64]

릭 리처드슨은 "사람들은 예전보다 기독교 신앙에 대해 잘 알지 못하고 있으면서도 자신들이 기독교에 대해 잘 알고 있다고 생각하고, 그것을 원하지 않겠다고 결정해버린 것이다"[65]라고 말하고 있

---

62 포졸, 광대, 백정, 고리장(나무껍질을 벗겨 장을 만드는 사람), 무당, 기생, 갓바치(동물 가죽으로 신을 만드는 사람) 등 최하층으로 취급되던 직업을 가진 사람들을 말한다.
63 Ibid. 81.
64 Ibid. 142.
65 릭 리처드슨, 『스타벅스 세대를 위한 전도』, (서울: IVP, 2013), 69.

는데, 이러한 이야기들은 기독교 선교 초기에서 현대에 이르기까지 수많은 사람들을 매혹시킨 기독교 신앙에 대한 새로운 인식을 가능하게 해줄 것이다. 그리하여 그들이 지금까지 가지고 있던 기독교에 대한 오해나 무지에서 벗어나 기독교의 본질에 한층 더 가까이 다가설 수 있는 통로가 될 것이라고 믿는다. 기독교에 갓 입교한 청년장병들의 의식을 일깨우는 데는 확실히 세계관 교육이 장점을 발휘할 것으로 기대된다. 세계관 교육을 잘 진행하려면 현실의 문제를 적나라하게 해부하고 현실적 문제점에서 출발해서 그 해결을 함께 모색하면서 성경에서 답을 발견했을 때 그들을 확고한 신앙으로 이끄는 효과가 있을 것이다.

그런데 어떤 사람이든지 문제나 상황을 해석하고 대처할 때는 그가 견지하고 있는 세계관의 틀 속에서 이러한 작업을 수행해나가게 된다. 한때 레즈비언으로 시라큐스 대학의 교수였다가 기독교인이 된 로자리아 버터필드 Rosaria C. Butterfield 는 『뜻밖의 회심』 The Secret Thoughts of an Unlikely Convert 에서 "개인적인 경험들은 계속 변할 수 있지만 - 우리가 선택한 비판적 시각의 결과물인 - 세계관은 언제나 가장 비밀스럽고 집요하다"[66]고 쓰고 있다. 그만큼 세계관을 바꾸는 것은 어려운 일이며 또한 세계관을 변화시키는 것이 중요한 일이라고 볼 수 있다는 것이다.

학교, 혹은 경찰과 문제를 자주 일으키는 십대를 예로 들어보

---

[66] 로자리아 버터필드, 『뜻밖의 회심』, (서울: 아바원, 2014), 179.

자, 그의 부모는 그에게 모든 행동에는 결과가 따른다는 것을 가르치고 싶어 한다. 그들은 그에게 이런 교훈을 가르칠 가장 좋은 방법은 삶 자체, 즉 인생의 쓴맛을 보게 하는 것이라고 생각한다. 하지만 그들의 생각에는 문제가 있다. 그들은 '인생의 쓴맛'이 그 자체로 독립적인 경험이라고 생각하는 것이다. 모든 경험은 세계관이라는 필터를 거쳐 이해가 되는 법이다. 그 아이가 "오직 친구들만이 믿을 수 있는 존재다. 모든 권위들(부모, 목사, 선생, 경찰 등)은 모두 나를 못살게 구는 존재들이다"라는 세계관을 가지고 있다고 해보자. 이런 세계관 가운데 있는 그 아이는 현실에서 고통을 당하면 당할수록 자신의 생각이 옳다고 느끼게 될 것이다.[67]

버터필드는 누가복음 16장에서 '돌아온 탕자'가 아버지를 찾아와 회개한 것은 돼지들 속에서 염증이 났기 때문이 아니라 하나님께서 그에게 제대로 현실을 볼 수 있는 눈을 주셔서 회개에 이른 것이라고 말한다. 이처럼 성경과 기독교 교리를 가르치는 까닭은 단편적인 지식을 암기하여 잊어버리지 않도록 하기 위한 것이 아니라 그들로 하여금 이 세상을 성경적으로 이해하고 해석하며 온전한 회심으로 이끌기 위한 목적을 가지고 있는 것이다.

스티브 맥퀸이 감독한 영화 '노예 12년'의 한 장면에는 농장의 주인이 예배를 드린다며 노예들을 모아놓고는 성경을 읽고 설교하

---

[67] Ibid. 178.

는 장면이 나온다. 주인은 '악하고 게으른 하인'이 당할 재난에 대한 예를 들면서 "이것은 바로 너희들을 가리키는 이야기"라고 위협한다. 심한 가뭄이 들자 농장주는 하늘을 보며 원망하기를 "성실하게 일하고 교회에 잘 나가고 헌금도 많이 했는데 왜 이런 어려움이 오느냐"고 불평한다. 이 노예 농장의 주인에게는 전혀 기독교적인 세계관이 없을 뿐더러 다만 단편적인 성경 지식과 자기에게 유리한 대로 해석하는 기독교 교리가 전부인 것이다. (아니 어쩌면 영화감독마저도 백인우월주의자인지 아닌지 우리는 알 수 없다. 실제로 자신의 본심과는 다르게 상업적인 성공을 위해 이러한 주제를 활용하는 사람들도 적지 않다.) 이처럼 세계관이 바뀌지 않는다면 어떤 사람도 진정으로 변화되었다고 볼 수 없는 것이다. 그러하기에 모든 기독교인들에는 물론, 교회에 갓 나온 청년들에게 생명의 주인이신 하나님은 정의와 사랑의 주이심을 가르치는 것이 중요하며, 그럼으로써 올바른 기독교적 세계관을 갖도록 하기 위한 노력은 진정한 변화를 위한 매우 귀중한 교육 목표가 되어야만 한다.

우리가 살고 있는 주변에는 생명과 환경, 인권, 폭력, 여성, 전쟁, 테러, 자본주의의 폐해, 기아 등, 수많은 문제들이 산재해 있다. 그러므로 이러한 문제들을 진지하게 살펴보면서 성경에서 그 실제적이고 본질적인 해답을 얻을 수가 있으며 이는 곧 기독교적 세계관 형성에 매우 유리한 교육 조건이 되고 있다고 믿는다. 또한 이러한 접근 방법은 청년 장병들로 하여금, 기독교가 '마음을 수련하고 안정을 취하는' 식의 여러 종류의 종교 중 하나가 아니라 본질적인 대답을 제공하는 종교이며 영원한 삶을 이 땅에서 살아가는 방법 그 자체임을 인식시키는 좋은 소재가 될 것이다.

표8. 세계관 교육의 주제들

주 제	내 용	교육 방법	교육목표 / 준비물
환경의 역습 1	지구 온난화	강의, 토론	창조질서, 동영상
환경의 역습 2	생태계의 파괴	강의, 토론	창조질서, 다큐멘터리
핵무기와 전쟁	전쟁의 위협	그룹작업	주의평화, 신문스크랩
마약과의 전쟁	전선 없는 전투	그룹작업	행복의미, 동영상
종교의 각축 1	제종교의 원리	강의, 토론	참된 진리, 지구본
종교의 각축 2	종교개혁 원리	강의, 토론	이신칭의, 통계자료
인구문제	창세기의 진리	강의, 토론	생육번성, 15.4.2 KBS1 영상
테러리즘	테러리즘 종말	그룹작업	생명주권, 동영상
인권문제	인간의 존엄성	그룹작업	생명주권, 동영상
자본주의	재물의 이중성	강의, 토론	부에 대한 태도, 동영상

이러한 문제들을 가지고 성경적인 해석을 시도할 때 더욱 흥미진진함을 느낄 수 있고 기독교적인 세계관 형성에 도움이 되며 그리스도인으로서 살아가는 것에 대한 문제의식이 한층 발달할 수 있다. 물론 설교시간에도 이러한 주제들에 대해 언급을 하기는 하지만 대개의 경우 문제 제기에 이어 축약적 교훈으로 결론짓고 지나가는 경우가 많기 때문에 보다 깊이 있고 구체적인 대답을 원하는 신자들에게는 충분하다고 생각되지 않을 때가 많은 것이 사실이다. 또한 이런 문제들에 대해서 타종교는 대개 '인류애'라든지 '관용'이라는 해결책으로 모호하게 넘어가지만 성경은 어떤 문제이든지 더욱 실

제적이고 본질적인 해답을 줄 수가 있다.

　이와 같은 세계관 교육 시간들을 통해 모든 생명과 우주의 주인이 하나님이시라는 신앙의 형성과 성경적 가치관 및 삶의 목적의식을 갖게하는 데 많은 도움을 줄 수가 있을 것이다. 이처럼 창조론과 진화론, 성경의 역사 등을 살펴봄으로 초신자들에게 기독교인으로서의 정체의식을 확장시키고 성경적 진리에 대한 확신을 심화시켜 나갈 수 있을 것이다.

> 개인적으로 많은 가르침을 받고 경험을 한다 하여도 세상을 바라보는 틀로서의 '세계관'이 바뀌지 않는다면 무익한 것이 될 것이다. 그만큼 신자의 세계관을 변화시키는 데 노력을 기울여야 한다.

　초기 한국 선교 역사에 대한 교육은 이제 막 신앙생활을 시작하려는 군장병들에게 기독교에 대한 자부심과 사명의식을 심어주기에 매우 적합하다. 초기 기독교인들의 신앙의 발자취를 더듬어보면서 각자의 모델을 역사 속의 인물 속에서 발견할 수도 있을 것이며 현재 기독교가 사회로부터 받는 비판에 대해서도 보다 신축성 있게 받아들일 수 있을 것이다. 곧 현재 흔들리는 기독교의 모습을 본래적인 모습이 아닌 일탈적인 현상으로 받아들이면서 책임의식을 가지고 하나님의 구원역사의 틀에서 보다 장기적이고 포괄적인 안목으로 대처해 나갈 수 있게 될 것이다. 비록 이제 갓 신앙생활을 시작한 초신자이기는 하지만 신자들의 일탈이나 교회의 오류에 대해 그가 배운 기독교 진리의 변혁시키는 생명력을 신뢰하고 건전한 비판의식을 견지할 수 있을 것이며, 기독교 신자로서 교회를 혁신시키고자 하며 모범적인 신앙생활을 통해서 사회적 비판을 불식시키고자 하는 사명감도 가질 수 있게 될 것이다.

그러나 이러한 이해 없이 이제 막 신앙생활을 시작하게 된 초신자가 기독교의 부정적인 모습을 보거나 사회적 비판에 맞부딪치게 된다면 급격히 흔들리면서 "내가 종교를 잘못 선택한 것이 아닐까?"라든가 "기독교의 신앙이 허구는 아닌가?"라는 회의에 빠지게 될 가능성이 농후하며 얼마 되지 않아서 신앙을 떠나는 결과로 나타날 수 있을 것이다. 이런 면에서 볼 때에도 기독교 역사교육은 매우 중요한 의미와 가치를 가지고 있다고 생각된다.

물론 기독교 세계관 교육이 현재의 교회에 대한 사회적 비판과 교회의 부정적인 현상을 변명하기 위해 실시되어야 하는 것은 아니다. 교회는 자신의 치부에 대한 세상의 비난에 대해 감추고 변명하는 데 급급해서는 안 된다. 교회의 부흥은 자기 잘못에 대한 솔직한 시인과 진정한 회개에서만 다시 시작될 수 있다. 그러므로 순교자적인 신앙으로 선진들이 피 흘려 세운 교회의 역사를 배우면서 현실에 하나님의 뜻을 실현해야만 하는 신앙인의 사명에 대해서 명확하게 가르침으로써 무책임한 비판보다는 참된 신앙인으로서 교회의 혁신과 미래 교회의 희망을 일구어가는 헌신에 초점을 맞추고자 하는 것이 기독교 역사와 세계관을 교육하여야 할 목적이며 이유인 것이다.

3. 예수 알아가기 Knowing Jesus

우선, 결론적으로 말하자면 세례 전 교육이나 양육을 위한 다양한 교육적인 접근은 '예수 그리스도가 누구인가?'라는 주제로 대상자들을 이끌어가기 위한 것이다. 양육의 핵심은 그리스도와 인격적 관계를 맺는 것에 있다. 성경의 핵심 이야기도 예수 그리스도에 대한 것이며 예수 그리스도를 아는 것은 하나님을 아는 것이다. 예수께서는 "너희가 나를 알았더라면 내 아버지도 알았으리로다 이제부터는 너희가 그를 알았고 또 보았느니라"(요한복음 14장 7절)라고 말씀하셨다. 교회교육은 그러므로 성경의 지식을 체계적으로 가르치는 일보다 더욱더 그리스도에 대해 가르쳐야 하고 그리스도와의 관계 맺기에 집중해야 한다.

데이브 브라우닝은 자신의 책에서 작가 존 바우어의 예를 들고 있는데, 바우어의 책『인생 첫 3년의 신화』The Myth of the First Three Years에 따르면 아기가 세상에 태어나 처음 3년 동안에 하는 경험은 접합적 연결을 더 많이 갖는 것과 별 상관이 없다고 한다. 오히려 아기들은 가장 강력한 연결에 집중적으로 투자한다는 것이다.[68] 이같이 아기의 처음 3년이 매우 중요한 시기인 것처럼 입교한 청년 장병들의 초기 신앙생활도 절대적인 중요성을 가지며 그런 면에서 초신자들의 시간을 낭비해서는 안 된다.

---

[68] 브라우닝, Ibid. 28.

그런데 대개의 양육 교재나 프로그램을 보면 너무나 방대한 내용을 체계적으로 가르치고자 한다. 또한 그 분량은 차치하고서라도 내용적으로 매우 심도 있는 사고를 요구하는 것이기에 짧은 시간 동안 소화해내기에는 매우 벅차다. 그러므로 초신자이며 시간적으로 많은 제약을 받고 있는 장병들을 고려하여 더욱 교육의 내용과 목표를 명확화 해야 할 필요가 있는 것이다.

> 아기들은 태어나서 처음 3년 동안 가장 강력한 연결에 집중적으로 투자한다. 청년 장병들의 초기 신앙생활 기간에 방대한 지식을 가르치려 하기보다는 예수 그리스도와 관계 맺기에 집중하는 것이 중요하다.

또한 일생 동안 수많은 성경공부 프로그램을 소화했지만 변화되지 않는 그리스도인도 수없이 많다. 그 이유는 기독교인으로서 많은 스펙을 쌓는 데 집중한 것에 반해 정작 믿음생활의 핵심인 그리스도와의 관계 맺기에 실패했기 때문이다. 오늘날 수많은 프로그램과 다양한 교제 공간을 갖춘 교회들이 즐비하지만 헌신된 그리스도인은 점점 줄어들고 있는데, 그 까닭은 삶의 전 영역에서 "그리스도를 주"라고 고백하지 않은 상태로 교회에 출석하고 있기 때문이다. 그러므로 초신자 장병 양육 교재는 지나치게 많은 양을 가르치기보다는 복음서를 중심으로 예수 알아가기에 초점을 맞추는 것이 좋다고 생각된다. 그것은 결국 예수 그리스도와의 인격적인 만남과 관계 맺기에 집중하는 것을 의미한다. 이것은 기독교 신앙의 핵심으로서 신앙의 기초를 다지는 일이며 청년 장병들의 인생과 신앙생활에 두고두고 심대한 영향을 끼치는 중요한 과제가 될 것이다.

4. 습관들이기 Training

좋은 습관은 자신이 스스로에게 줄 수 있는 최고의 선물로서 성숙한 그리스도인으로서의 미래를 기약해 준다. 훌륭한 영성은 부단한 경건의 훈련을 통해서 뿌리내리는 것이며, 역으로 경건의 훈련은 훌륭한 영성에 대해 심사숙고하게 한다. 짧은 기간 동안 군장병들에게 좋은 습관을 들이도록 하는데 성공한다면 군교회에서의 신앙생활은 매우 유익한 경험이 될 것이다. 잘 알려져 있는 대로, 습관을 들이는 가장 좋은 방법은 그것의 유익을 신뢰하고 지속적으로 반복하는 것이다.

군인교회에서 초신자인 장병들을 대상으로 시행할 그리스도인으로서의 훈련에는 대략 기도 훈련, 말씀 훈련, 선행 훈련, 사명자 훈련이 있을 것이다. 기도 훈련은 아침에 일어나서와 잠들기 전에 1분간 기도하기, 식사 전 기도하기, 교회에 오면 우선 기도하기 등이다. 내용적으로는 참회의 기도, 성령의 인도를 구하는 기도, 성경을 읽기 전 인도를 구하는 기도와 읽은 후 묵상하는 기도, 가족이나 교회를 위한 중보기도 등이 될 것이다. 말씀 훈련은 하루에 성경 1장 읽기, 혹은 1구절 묵상하기, 혹은 복음서나 시편, 잠언 등을 노트에 옮겨 쓰기 등이 권장할 만하다. 또한 설교 노트를 만들어서 그 주의 설교 말씀을 메모하도록 지도하는 것도 필요하다. 설교를 필기하는 습관은 설교시간에 조는 것을 방지하여 집중력을 가지도록 하고 이후에도 틈틈이 말씀을 반추하도록 도와주는 유익한 습관이 될 것이다. 마지막으로 선행 훈련은 하루에 한 가지 착한 말과 착한 행동하기, 출석하는 교회에서 한 가지 봉사활동 하기 등이 될 것이다.

그 외에 경건서적 읽기, 경건일기 쓰기 등의 습관을 들이도록 안내해주면 좋을 것이다. 그러나 한꺼번에 너무 많은 것을 요구하면 부담스럽게 여길 수 있고 집중력을 잃어버릴 수도 있으므로 비교적 단순한 것을 지속적으로 반복하는 것이 좋겠다. 마지막으로 사명자 훈련이란, 현재까지의 삶을 정리해보고 장차 자신의 직업이나 삶을 통해서 어떻게 구체적인 그리스도인의 삶을 살아갈 것인가 그려보고 다짐하는 것이다. 여기에는 자신의 삶을 한 문장으로 정리해보기, 한 문장으로 사명을 다듬어보기, 관련 서적 읽기 등이 있다. 자신의 삶이나 사명을 한 문장으로 표현하는 것이 처음에는 어렵겠지만 점차 분명하게 자신의 살아온 삶의 특징을 파악할 수 있으며 그리스도인으로서의 계획을 구체적으로 그려보는 유익이 있게 될 것이다.

> 군인교회에서 초신자들에게 훈련시켜야 할 분야로는 기도 훈련, 말씀 훈련, 선행 훈련, 사명자 훈련 등이 있다.

5. 소속시키기 Attachment

군인교회에서의 신앙생활은 길어야 2년을 넘지 않는다. 결국 장병들을 민간교회로 정착시켜야 하는데 이것이야말로 청년 장병 전도의 성패가 달린 중요한 과제이기도 하다. 그러나 여태까지는 그다지 진정성 있게 이 사역을 감당하지 못했다는 것이 필자를 포함한 많은 군목들의 솔직한 고백일 것이다. 그것은 눈앞의 사역을 해나가기도 벅차고 바쁘다는 것이 그 하나의 이유이기도 하고, "군생활 동안 교회에 다녔으니까 앞으로 사회에 나가서도 신앙생활을 잘 하겠지"라는 막연한 생각 때문이기도 하다. 그러나 장병들의 민간교회 정착에 대한 관심과 더불어 보다 구체적인 방안들을 가지고 있어야 하며 앞서 살펴본 바와 같이 가능하면 빨리 미래에 출석할 민간교회에 소속시키고 함께 공동양육에 나서는 것이 효과적이다.

여기서 '소속시키기'란 개념은 단지 어느 교회에 명부를 올리고 'OO교회 미래신자'라는 명찰을 달아주는 것보다 더 포괄적이고 깊은 의미를 가지고 있다. 왜냐하면 교회에 다니기는 하지만 정작 그리스도인 공동체에 속해 있다는 소속감과 정체감이 희박한 신자들도 많기 때문이다. 이러한 점에서 '소속시키기'란 초신자이든 기존 신자이든 간에 본질적으로 그리스도인으로서의 정체성을 확립하는 것과 관련된다. 곧 눈에 보이는 제도나 단체가 아니라 그리스도께 속한 신앙인으로서 자아상을 정립하는 것이다.

신자장병의 소속시키기는 보다 구체적이어야 하고 명확한 목표와 방향을 가지고 있어야 한다. 여기에는 특정 교회에 출석하여 신앙생활을 하도록 돕는 것은 물론 장병의 미래 직업과 사명을 연계시키는 일도 의미가 있을 것이다. 이를테면 의학이 전공이라면 기독인 의사들 모임인 누가회에 속하여 활동하는 계획을 갖도록 이끌어주고, 물리나 과학이라면 창조과학회, 사회복지계통이라면 기아대책기구나 선명회에 관심을 갖도록 인도하는 일 등이다. 혹은 장차 자신의 직업이나 은사를 가지고 일정 기간 동안 특정 분야의 선교를 후원하도록 비전을 세워주는 일, 기독인으로서 자신의 직업을 소명으로 여기도록 가르치는 일, 생태계, 환경보호, 인권 등의 관심 있는 분야에 기독인으로서 헌신하도록 이끌어주는 일 등이 포함된다.

> 신자의 '소속시키기'란 초신자이든 기존 신자이든 간에 제도나 단체라기보다는 본질적으로 그리스도인으로서의 정체성을 확립하는 것이다.

그리스도인으로서 산다는 것은 하나님 사랑과 이웃 사랑을 실천하며 사는 것과 분리될 수 없다. 사회의 각 분야에서 빛과 소금의 역할을 감당하는 기독인들을 청년들의 멘토로 연결하는 것은 그들의 신앙 성장에 매우 중요한 일이 될 것이다. (사진은 누가회 소속 의사들의 의료 봉사활동)

제8장

고려해야 할 예전 및 문화적 요소들

　신자들에게 기독교 영성을 더욱 깊이 체험하게 하기 위해서는 다양한 요소들을 고려해야 한다. 신자들이 교회 공동체 생활에 기대하는 목록 중 위로, 안식, 평화와 해방을 맛보는 것뿐만 아니라 용기, 두려움, 용서, 신비, 초월 같은 요소도 반드시 고려해보아야 할 것이다. 기독교 신앙은 그것을 찾는 사람의 요구와 수준에 맞는 것만을 제공하지 않는다. 때로는 어두운 과거와 대면하게 하기도 하고 내면의 부정직함을 폭로하기도 하며 헝클어진 인관관계를 정리할 것도 요청한다. 기독교가 주는 크나큰 기쁨이란 일순간에 왔다 갑자기 사라지는 감정적인 것이 아니라 지성과 영성의 치열한 탐색 중에서 성령께서 내려주시는 기대 이상의 새로운 분별력이기도 하다. 기독교 신앙의 촉매제로서의 역할을 기대할 수 있는 요소들로서는 성례전, 건축, 미술, 음악, 상징, 코이노니아 같은 것들이 있으며 그밖에도 기독교인들의 문화로 뿌리내릴 만한 요소들에 대한 깊은 통찰력이 필요하다. 우리는 믿음으로 구원을 받지만 삶은 문화로 살아가며 문화는 모두가 살아가는 삶의 현장이며 전도의 접촉점이기도 하다. 그렇기 때문에 문화는 청년 장병들에게 다가가며 신앙을 생활화하는데 더욱 중요한 방편이 될 것이다. 문화를 도외시한 복음 전달은 불가능에 가깝다. 그런 면에서 앤디 크라우치$^{Andy\ Crouch}$는 『컬처 메이킹』에서 세계관에 못지않게 더욱 중요한 것이 문화의 요소나 영향력에 대해서 아는 것이라고 말한다.[69] 이러한 인식의 바탕에서 기독교 문화에 지대한 영향을 끼치는 요소들에 대해 살펴보고자 한다.

1. 예전

최승근은 '예배는 의례다'라고 정의하면서 인간은 자라나면서부터 공동체 구성원으로서나 한 개인으로서 끊임없이 배워야만 하는 존재이며, 그런 면에서 그리스도인들은 일정하고 반복적이며 공동체적이고 상징적인 행위인 예배에 계속 참여해야 한다고 말한다. 그는 "인간에게 의례는 없어서는 안 되는 의식의 규범이자 평생 행하게 되는 행위의 준거인 것이다. 이를 의식하든 하지 않든 상관없이 모두에게 그렇다"[70]고 말하며 사회적 동물인 인간이 공동체를 구성한다는 측면에서 의례는 크게 세 가지 기능으로 작용한다고 한다. "첫째는 공동체가 중시하는 이야기를 표현하고 전달하는 기능이며 둘째, 공동체의 구성원들을 교육하고 훈련하는 기능을 하며 셋째, 앞의 두 가지 기능의 결과로서 공동체의 구성원을 형성하고 변화시

---

69 앤디 크라우치, 컬처 메이킹, 박지은 역 (서울: IVP, 2009), 81.
70 최승근, 『예배』, (서울: 두란노, 2015), 47.

키는 기능을 한다"[71]고 말한다. 이러한 지적은 그리스도인들이 예배에 참여해야 하는 이유가 되며 예배를 기획함에 있어서 고려해야 할 중요한 점들을 시사한다.

그런데 예배는 모든 그리스도인에게 있어서 매우 중요한 의식이지만 오늘날 기독교 예배는 여러 가지 도전에 직면하고 있다. 교회 외적으로는 수많은 예술, 스포츠 행사의 성대한 물량적 규모와 현대성, 창의성, 상징성 등에 밀려 그 독특성이 상대적으로 왜소화되는 추세에 있으며 교인들은 생활에 바쁜 나머지 예배 출석을 등한시하는 경우가 많아지고 있다. 문제의 심각성은 그나마 참석하는 예배에서도 진부한 내용의 반복으로 인해 감흥이 줄어드는 경우가 많아지고 있다는 것이다. 내적으로는 예배의 기준이 무엇인가 하는 신학적 성찰의 부재 및 교인들의 흥미에 맞추는 것을 우선적으로 여기는 경향으로 인하여 예배의 내용이 더욱 모호해진다는 문제도 불거지고 있다. 현재 기독교 예배는 치열한 탐색을 진행하고 있는데, '구도자 예배'나 '문화 예배'처럼 전통적 의미에서 보자면 아슬아슬하게 경계선을 넘나드는 예배들로 인한 논쟁이 기독교계의 일각에서 아직도 벌어지고 있다. 이정구는 예배가 형성되어가는 과정과 예배가 미치는 영향에 대해 경청할 만한 분석을 내리고 있다.

> 교회는 개별적이며 공동체의 밀도 높은 기념을 통해 체험하지 못했던 2천년 전의 예수를 환기시킨다. 이를 가장 효과적으로

---

[71] Ibid. 49-53.

환기시키고 기념하기 위해 교회는 극적인 예배를 연출하는데 이것이 일정 기간 반복되면 아이콘이 되고 예전이 된다. 예전 안에는 기독교와 교파, 교단과 개 교회의 특성이 스며 있으며, 그 역사성으로 인해 다양한 의미들이 요소마다 축약되어 있는 것이다. 교회는 이 예전을 통해 단순히 하나님께 예배하는 것에만 그치지 않고 그 의미를 교육함으로써 신자들의 신심과 영성을 고양시키고 기독교에 대한 지식을 전달한다. 신자들은 어떤 예전을 누구에게 어떻게 교육받는지에 따라 신앙적 특성이 형성되며, 한번 고착된 그 특질은 쉽게 변화하지 않는다.[72]

이처럼 예배에 있어서 예전의 형성은 오랜 역사 속에서 나름대로의 틀을 형성하여 온 것이며 예전은 결코 개교회적이고 사적인 것이 아니라 교회 공동체의 전통과 역사 속에서 깊은 의미를 가지고 있다. 알렌 크라이더는 초대교회 예배의 성격에 대하여 말하는데 오늘날 예배를 일반 회중의 흥미에 맞추려는 시도에 대하여 경종을 울리는 말이 아닐 수가 없다.

기독교 예배는 그리스도인이 하나님을 예배하도록 설계된 것이었다. 그것은 비그리스도인을 끌어 모으려고 설계된 것이 아니었다. 한마디로 "구도자에게 민감한 예배"가 아니었다. 구도자들은 아예 참석이 허용되지 않았기 때문이다. 만일 기독교 예배가 복

---

[72] 이정구, Ibid. 85.

음 전도에 도움이 되었다면, 그것은 그리스도인 개개인의 의식 수준과 그들이 이룬 특별한 공동체 때문이었으며, 그들의 삶과 외인 outsider들과 맺은 매력적인 관계성과, 호기심을 자아내는 행동으로 발생한 부산물로서, 전혀 의도되지 않은 것이었다.[73]

우리는 청년 예배를 디자인함에 있어서 이와 같은 통찰들을 염두에 두고, 문화적 콘텐츠를 사용하는 데 있어서 조화와 균형을 추구해야 한다. 예배를 기획할 때에는 현실의 요구에만 귀를 기울이지 않고 성경적이고 교회 전통과 역사에 대한 이해를 가지고 기획해야만 하며, 동시에 청년 장병들의 영적 필요를 채울 수 있도록 진지한 노력을 경주해야 한다. 특별히 예배에 참석하는 청년 장병들의 특성과 상황을 생각하면서 염두에 두어야 할 점은 아래와 같은 것들이 될 것이다.

● **군장병들을 위한 예배 기획 포인트**

가) 참여적이어야 한다 - 예배에 자발성을 높이는 방법 중 하나는 기획이나 순서에 예배자를 참여시키는 것이다. 대개의 장병들은 신앙적으로 아직 성숙되지 않았기 때문에 비교적 단순한 순서에 참여시키는 것이 좋을 것이다. 예배 안내나 성경봉독, 헌금송을 개

---

[73] 알렌 크라이더, Ibid. 52.

인별, 부대별로 참여시키는 것을 고려해봄직하다.

나) 단순, 간결해야 한다 - 부대 시간표에 따라 생활해야 하는 장병들은 시간 사용에 있어서 여유가 많지 않다. 또한 피동적 생활로 인해 심리적 피로도가 높기 때문에 예배 순서와 설교는 무엇보다 산만하고 지루하지 않게 진행되어야 한다.

다) 전통과 현대가 균형을 이루도록 한다 - 이를테면 사도신경, 영광송, 말씀응답송, 성만찬 등은 교회 전통을 만날 수 있는 순서이고, 케냐찬송 부르기는 기독교의 보편주의를, CCM이나 영상 사용은 현대성을 맛볼 수 있는 것으로서 전통을 귀하게 여기고 현대를 포용하는 노력은 균형 있는 영성 형성에 도움이 된다.

라) 명확하고 모범적이어야 한다 - 초신자 장병들을 위한 설교의 메시지는 물론 기도도 단순하고 깊이가 있으며 명확해야 할 필요가 있다. 추상적이거나 개념적인 내용의 설교는 장병들이 처한 환경적 상황과 심리적 특성에 비추어 효과적일 수 없다. 또한 기도와 같은 순서들은 장병들에게 하나의 모범을 제시하기 때문에 교육적 성격을 가지고 있으므로 모방 가능한 하나의 전형을 제시할 수 있어야 한다.

마) 찬송의 예배학적 사용 - '음악은 만국 공통어'라는 말이 있

듯이 찬송은 큰 장애 없이 서로를 소통시키고 참여적으로 만들며 복음을 전달하는 기능을 수행한다. 그러므로 찬송은 가사가 복음적이고 신학적이어야 한다. 요즈음 CCM 찬송을 보면 지나치게 감성적인 가사가 주를 이루고 있는바 이러한 찬송은 예배를 자칫 심리 치료과정으로 잘못 이해하게 하며 신앙을 개인화하는 역기능을 초래할 수 있으므로 균형감을 가지고 주의해서 선택할 필요가 있다.

바) 적절한 교제가 이루어져야 한다 - 교회에서 인격적 만남이란 대단히 중요하다. 소그룹이나 식사, 생일이나 개인의 크고 작은 신상변화에 대한 알림, 전입, 전역에 대한 축하 시간을 할애하여야 한다. 그럼으로써 장병들이 예배가 행사 참석이 아닌 만남과 소통의 장이라는 인식을 갖도록 해야 한다. 예배 후의 친교나 식사는 모든 장병들이 소외됨 없이 교제할 수 있도록 나름대로의 프로그램을 가지고 있어야 한다.

어느 예배에서나 그렇듯이 설교는 기독교의 진리를 전파하고 삶에서의 실천을 격려함으로써 신자들을 양육하는 데 있어서 중요한 역할을 차지한다. 장병들을 위한 설교라고 해서 특별히 다를 것은 없겠으나 이들 대부분이 초신자이며 또한 신체적, 심리적 피로도가 높고 사회로부터 격리된 상태에서 많은 고민을 가지고 있을 수 있으므로 치유적 목회적 설교가 효과적이라 하겠다.

정인교는 이러한 유형의 설교에 대해서 "현대를 살아가는 회중들의 상황이 대중 속의 고독과 실존적인 불안, 조직 안의 경쟁을 통한 적자생존의 전투적 사회 구조임을 염두에 둔다면 그 어느 시기보다 적극 요청되는 설교자 타입이라 할 수 있다"[74]고 말한다. 그러나 동시에 "목양자로서의 설교자는 위로와 치유라는 면에서는 긍정적일 수 있지만 복음이 가진 공적 성격에 소홀할 수 있다는 약점이 있다"[75]고 지적한다. 그러므로 앞에서도 지적한 바와 같이 설교가 심리적 위안을 추구하는 데 머물지 않도록 기독교 진리를 담대히 선포하는 기능도 적절하게 수행되어야 한다. 또한 그 반대로, 기독교 진리를 선포한다고 하여 설교의 커뮤니케이션적인 성격을 무시하고 일방적으로 '설교'하는 것도 결코 바람직하지 않다.

이밖에 근래에 더욱 주목받고 있는 이야기식 설교도 성서를 도덕적 교훈으로 축소시키는 설교를 보완하고 삶을 하나님이 빚어 가시는 장대하고도 생생한 드라마로서, 또한 각 개인의 삶의 소중함을 인식시킬 수 있는 훌륭한 설교 기법이라고 할 수 있겠다. 분명한 것은 장병들에게는 심리적으로나 시간적으로 여유가 비교적 적다는 점으로, 짧은 시간에 깊은 공감을 일으키는 예배와 설교가 필요하다는 것이다.

---

[74] 정인교, 『설교학 총론』, (서울: 대한기독교서회, 2005), 113-114.
[75] Ibid.

● 연대급 이하 군인교회 예배 모범 제시

*예배에의 부름
*개회찬송
*기도
*시편교독과 성경봉독
 찬양(성가대) 혹은 찬송
 말씀(1)- 전반부
 찬송(특송)
 말씀(2)- 후반부
 봉헌
 신앙고백과 (공동)기도
*찬송
*축도
 광고 및 교제
 성만찬
 (*표는 일어서서)

위의 군인교회 예배 모범은 성가대를 독립적으로 운영하기 어려운 연대급 이하 부대의 예배를 염두에 둔 것이다. 보통 예배 시작에서부터 설교까지가 지루한 도입부처럼 느껴져서 예배에 집중력이 금세 약화되는 것을 방지하기 위해 예배에의 부름 후 바로 개회찬송을 시작하여 일어선 상태에서 기도와 시편교독을 바로 행하는 것으로 구성했다. 설교 중간에 찬송을 넣은 것은 우선 예배는 하나님께 드리는 것이라는 점을 환기시키기 위한 것이고 설교자로서도 전반부와 후반부를 보다 분명한 요지를 가지고 전개하게 하기 위한 것이다. 봉헌 후에 신앙고백을 넣은 것은 복음의 선포인 설교에 대한 응답이며 말씀이신 주님께 대한 자기고백의 성격을 가진다. 일반적 예배순서로서는 파격이라 할 수 있겠으나 예배 시작 후 조금은 형식적으로 이루어지는 신앙고백의 성격을 특성화하려는 시도로, 이에 대하여는 좀 더 예배신학적인 검토가 필요할 것이다. 이하 축도까지 간결하고 신속하게 진행하며 이후에 보다 여유 있게 광고 및 교제의 시간을 가지도록 배치하였다. 성만찬은 각 교회의 사정에 맞게 시행하되 적어도 1달에 1번 정도 실시하는 것이 좋을 것이다.

2. 성만찬

초대교회 공동체에서 성만찬은 예배에서 핵심적인 요소였다. 성만찬의 중요성에 대해서 한국기독교장로회의 희년 예배서에서는 이렇게 표현되어 있다.

> 온전한 예배에는 반드시 '말씀'과 함께 '성만찬'이 있어야 한다. 성만찬 또한 하나님의 말씀이다. 그러나 성경이나 설교와는 달리 귀로 듣는 말씀이 아니라 몸과 삶으로 받는 행동의 말씀이다.

이 성만찬에서 우리는 기쁨으로 그리스도의 생명을 나누고, 우리의 예물과 더불어 우리 자신을 하나님께 봉헌한다. 이 성만찬에서는 자신의 살과 피를 우리를 위해 내어주신 예수 그리스도께 대한 감사가 강조된다.[76]

곧 성만찬의 의미는 몸으로 받고 느끼며 참여하는 예배라는 데 그 독특성이 있는 것이다. 초대교회에서 성만찬은 기독교 모임과 예배에서 확고한 위치를 점하고 있었으나 오늘날 현대교회에서는 주변부로 밀려나 있는 느낌이다.

또한 성만찬은 행동으로 참여하는 예배인 것이다. 그러나 오늘날 성만찬은 단순한 기념과 회고가 되어버리고 말았는데, 이것이야말로 개신교 예배가 빈곤해진 주된 요인 중 하나이다. 알랭 드 보통 Allain De Beauton 은 비록 신학자는 아니지만 기독교인들이 경청할 만한 말을 들려준다. "오늘날 우리가 알고 있는 것처럼 성찬식의 시작은 원래 초기 기독교 공동체가 교인 각자의 일이나 가정에서의 의무를 잠시 중단하고 커다란 식탁(그 위에는 대개 포도주, 양고기, 그리고 이스트를 넣지 않은 빵이 놓여 있었다)에 모여앉아 최후의 만찬을 기념하는 것이었다."[77]

유부웅은 스와힐리 찬송가인 〈당신의 식탁〉이라는 노래를 분석하면서 아프리카인들의 성만찬에 사랑과 평화, 화해의 요소들이

---

76 한국기독교장로회총회, 『희년예배서』, (서울: 한국기독교장로회출판사, 2006), 22.
77 알랭 드 보통, 『무신론자를 위한 종교』, 박중서 역, (서울: 청미래, 2011), 40.

깊이 담겨져 있다고 말한다. 또한 그리스도인들의 성찬 식탁은 '생명을 주고', '아버지를 드러내며', 하나님의 사랑이 나타나는 곳'으로서 기독교인들의 "부요함"의 저장소임을 말한다.[78] 필자가 볼 때 이것은 비단 아프리카 기독교인들의 성만찬에만 국한되는 이야기는 아닐 것이다. 이는 모든 기독교인들이 성만찬에 참여하면서 기대하는 희망이며 성만찬 예식에 공통적으로 깃들어 있는 계시적 요소일 것이다. 그는 이 논문에서 다시 몇 가지 속담을 인용하는데, "관계는 함께 먹는 데서 이루어진다"(가나), "함께 먹는 음식은 달콤하다"(케냐)는 속담이 그것이다.[79] 이어 브라이언 허른 Brian Hearne의 말이 인용된다. "기독교 공동체에서 그리스도가 음식으로써 현존하신다는 사실은 우연이 아닙니다. 식사를 할 때 사람들은 모이고 힘을 얻으며 우정을 나눕니다. 곧 음식은 화해와 평화 그리고 희망의 표시이지요. 음식은 창조물에 대한 하나님의 목적을 이룰 수 있다는 점에서 그리스도에 비유될 수 있는 것입니다"[80]

그러나 오늘날의 성만찬은 지나치게 건조하고 엄숙한 형식적인 예식이 되어버리고 말았다. 대다수의 개신교 예배에서는 예전이 축소되고 상징이 배제되었으며 예배는 귀로 듣고 생각하는 정신적 차원으로 축소되는 양상을 보이고 있다. 로버트 소시 Robert L. Saucy는 성찬이 지니는 의미에 대하여 말하기를 오순절 직후에 교제를 나누면

---

78 유부웅, '식사를 통해 이루어지는 관계', 「신학연구」, 한신대학교출판부, 2000 41호, 465-466.
79 Ibid. 449.
80 Ibid. 450.

서 "떡을 뗐다"(사도행전 2장 42절, 46절)는 표현이 떡을 자르기보다 손으로 떼던 팔레스타인의 관행을 말하는 것이라고 하면서 "초창기 교회 시대부터 주의 상에 함께 참여하는 것은 하나님의 백성이 함께 모였을 때 드리는 예배와 하나님 백성을 세우는 일에 중요한 역할을 담당했다"[81]고 말한다.

성만찬은 주이신 그리스도와의 관계를 새롭게 인식하며 기독교인의 정체성을 세우는 일에 중요한 예식이므로 더욱 자주 실시되어야 한다. 또한 무미건조하고 형식적으로 느껴지는 기념이 아니라, 로버트 소시가 지적하는 바와 같이 '기념'과 성도의 '교제'의 성격이 함께 부각되어야 한다. 청년 장병들을 위한 예배에서 이와 같은 내용과 성격이 잘 조화된 아가페 식사나 성만찬을 자주 실시하는 것만으로도 더욱 자연스럽게 기독교 영성과 신앙의 기초를 다지는 데 크나큰 도움을 줄 수 있다.

3. 예배음악

요즘 교회에서 청년부 예배라고 하면 가장 먼저 떠오르는 것 중 하나가 CCM과 이에 부차적으로 따라오는 밴드와 영상 같은 것들이다. 오늘날 대다수의 교회에서 청소년들이 따라 부르기에 쉽고 좋아한다는 이유에서 CCM이 선택될 뿐만 아니라 주일날의 정기집회에

---

[81] 로버트 소시, 『하나님이 계획하신 교회』, 김기찬 역, (서울: 생명의말씀사, 1994), 287.

도 많이 불리고 있는 것이 현실이다. 물론 CCM은 이제 청소년만의 노래가 아니라 일반 장년이나 어린이 회중의 노래로도 친숙해져 있는 상태이다. 그러나 CCM이 예배음악의 전부는 아니며 전부가 되어서도 안 된다. 적지 않은 교회에서는 CCM이 거의 유일하게 청소년부나 장년부 예배의 다이내믹을 조성할 수 있는 전가의 보도라도 되는 것처럼 전용되기도 한다. 그러나 분명 CCM의 장점이 있긴 하지만 그것이 기독교 영성을 전부 담아내지는 못한다. 예배자는 기독교 영성을 균형되게 담아낼 수 있도록 노력을 기울여야 하는데 이를 위해서 예배찬송에 대한 보다 신중하고 철저한 예배학적, 신학적 성찰이 이루어져야 할 것이다.

찬송에 있어서 가장 중요한 것은 무엇보다도 가사이다. 가사를 철저하게 신학적, 언어적, 교육학적으로 분석하여 좋은 찬송을 장려해야 하며 감정이 과다한 가사, 신학적으로 모호한 가사로 이루어진 찬송은 가려내야 한다. 기본적으로 예배나 찬송은 자기 기분을 위로하기 위한 것이 아니며 하나님을 높이고 그분께 감사하기 위한 것임을 명확히 주지시켜야만 하며, 청년장병들에게 다양한 예배음악을 접하게 하여 균형 있는 영성이 계발되도록 해야 한다. 기존의 회중 찬송가는 물론, 지구촌 여러 나라의 예배찬송을 함께 부름으로써 지역주의와 인종주의를 벗어나야 하고, 기독교 신앙이란 전 세계 사람들을 한 분이신 하나님 예수 그리스도 안에서 형제자매로 초청하고 한 가족을 형성하는 것임을 주지시켜야 한다.

현재 적지 않은 한국 교회의 찬송이 영미 찬송에 편중되어 있을 뿐만 아니라 한국 전통음악에 기반을 둔 찬송에 대한 오해 및 홀대를 공공연하게 일삼고 있는 것은 매우 우려스러운 일이 아닐 수가 없다. 하나님께서 각 나라의 언어로 된 예배와 여러 민족의 특성이 담겨있는 운율과 박자로 이루어진 찬송 듣기를 좋아하신다는 것은 너무나 당연한 일이다. 하나님께서는 특정한 인종이나 민족만을 우월하게 창조하시거나 사랑하지 않으시며 모든 나라 백성들을 동등하게 대우하시고 사랑하신다는 기독교 사상은, 그들의 언어나 찬송에 대해서도 똑같이 적용되어야 마땅하다. 그러므로 예배에서 보다 적극적으로 우리 고유의 선율로 이루어진 음악을 적극적으로 수용해나감으로써 기독교 신학과는 상관없는 문화적 사대주의를 탈피하는 것이 필요하다.

　현재 개신교 예배 찬송가는 절기나 상황에 따라 여러 주제로 분류되어 있다. 곧 감사절이나 성탄절과 같은 절기 찬송, 헌당이나 혼례와 임직식 때 부를 수 있는 찬송, 예배 때 삼위일체 하나님과 교회를 생각하며 부르는 찬송, 그리고 신앙인들의 삶을 위로하고 격려하는 주제들(소명과 충성, 시련과 극복, 성결, 자연과 환경)에 맞춘 노래들이다. 이와 아울러 예배의 요소 자체를 규정짓는 입례송, 기도송, 헌금응답송, 말씀응답송, 송영 등이 있는데, 이에 더하여 현재 개신교 예배에서 다소 소홀하게 취급되고 있는바 회중들로 하여금 자비송, 평화송, 아멘송, 할렐루야송 등을 골고루 부르게 하여 예배에 있어서 회중의 참여적 성격과 예전적 성격을 뚜렷하게 하고, 성도들의 영성에 고른 발전을 도모하는 것이 필요하다고 본다.

청년장병들이 이와 같은 찬송을 부르면서 단순히 찬송을 통하여 감정적 감흥을 맛보거나 위로를 받고 용기를 얻는 데서 더 나아가 예배 자체의 거룩성, 헌신성, 참여성을 드높임으로써 깊이 있는 영적 성장이 가속화될 수 있을 것으로 보인다.

> 하나님께서는 특정한 인종이나 민족만을 우월하게 창조하시거나 사랑하지 않으시며 모든 나라 백성들을 동등하게 사랑하신다는 기독교 사상은, 그들의 언어나 찬송에 대해서도 똑같이 적용되어야 마땅하다.

4. 군인교회 디자인과 공간배치

이정구는 교회건축과 예배의 의미를 '교회 건축의 이해, 신학으로 건축하다'에서 명확하게 밝히고 있다. 먼저 예배란 예수께서 제자들에게 "나를 기억하고 기념하여 이 예를 행하라"고 지시하신 말씀에 근거한 것으로서 예배는 그리스도를 잊지 않고 기억하기 위한 거룩한 장치이며 교회는 예배를 통해 예수 그리스도의 가르침을 교육한다는 것이다. 또한 2천 년 전 근동지역에서 태동한 기독교는 예수 그리스도를 기념하기 위해 유형의 건축물을 축조하고 그곳에 예배처소를 마련했다는 것이다.[82] 이 같은 성찰은 예배란 곧 교회의

---

[82] 이정구, Ibid. 21.

공적인 행위로서 그리스도에게 기원되는 것이며 교회 건축도 임의적인 행위가 아니라 그리스도를 기념하려는 교회 전통이라는 맥락에서 바라보아야 한다는 것을 말하고 있는 것이다.

가톨릭교회에서는 거룩하신 하나님의 구원 역사와 은총의 신비함을 예전과 미술, 건축 등으로 표현하는 데 역점을 두었다. 또한 가톨릭에서는 적지 않은 상징도 활용한다. 이에 비하여 종교개혁자들은 우상숭배적 요소가 있다는 판단 하에 대부분의 상징을 배제하였고 지나치게 사치스러운 건축, 음악, 미술의 요소들을 제거하였다. 말씀과 강단을 강조하여 개혁 정신에 알맞은 교회 건축과 공간을 구현하고자 하였고 그럼으로써 믿음으로 말미암는 의와 은혜, 그리고 이에 대한 응답으로서의 일상적 삶의 가치를 강조하고자 하였다. 분명히 이와 같은 개혁자들의 조치는 성직자 중심적이고 권위주의적인 교회체계와 이를 뒷받침하고 있는 과도한 교회건축 양식과 예배의식에 대한 합당한 개혁으로 여겨진다.

가톨릭이 지배하던 시대의 교회 건축은 충성스러운 신앙심의 표현이라는 측면도 있었으나 사람의 내면에 거하고자 하시는 하나님의 뜻은 외면한 채 외형적인 성전 건축을 신앙의 성취나 표현으로 만족해버리는 것이었다. 그런데 이것은 오늘날 개신교회에서도 자주 찾아볼 수 있는 현상이 아닐 수 없다. 오히려 가톨릭이 하나님 은총의 신비와 위엄을 다양한 양식과 상징을 통해서 표현하고자 하였다면 몇몇 개신교의 대형교회들은 편리함과 규모에만 치중함으로써 교회 건축의 신학적 의미와 예술적 아름다움의 측면에서는 오히려 후퇴하였다고도 볼 수 있을 것이다.

　근래에 들어서 개신교 신학과 예배가 상징이나 건축, 미술 등이 가진 가치를 너무 과소평가한 것이 아닌가 하는 의견들이 대두되고 있다. 이를테면 신랑신부가 주고받는 결혼반지는 돈의 가치나 현실적 기능보다는 그 상징성에 가치가 있다. 그것은 언제 어디서든지 배우자와 그 관계를 늘 생각하게 한다. 가톨릭은 이와 흡사한 많은 장치들(이에 대해서는 논란의 여지가 있는 것이 사실이지만)을 배치하였다. 그 상징들은 하나님께 대하여, 그리고 신앙의 특별한 덕목들에 대하여 생각하게 하며 위로와 평안, 혹은 용기를 주는 등 다양한 기능을 수행한다.

　이에 비하여 오늘날 개신교의 교회 건축물은 너무 단조롭고 평이하게 느껴진다. 개신교의 교회에서는 강단에 걸린 십자가와 단조로운 실내, 회중들이 좁은 공간을 나누어 앉을 수 있는 장의자 외에 딱히 떠오르는 이미지가 없다. 교회가 꼭 그렇게 꾸며져야 하며 하나님은 이런 식으로 단순한 것을 좋아하신다는 절대적 진리라도 있는 것일까?(더군다나 오늘날 다수의 대형 교회는 건물의 규모나 거기에 투자하는 경제적 비용이 결코 단순하다고 말할 수 없다!)

　어떤 건물이든지 그것은 두 가지의 측면을 고려하는데 그 한 가지는 기능성이고 다른 하나는 바로 상징성이다. 건물을 디자인하고 소재를 정하며 색을 칠하고 조명을 밝히며 내부의 가구를 배치하는 것은 모두 이러한 노력에 속한 것이다. 교회를 건축할 때 형태나 양식을 정하고 실내를 디자인할 때 가치를 어디에다 두느냐에 따라 건축의 방향은 달라진다. 편리함과 기능성을 우선적으로 추구할 것인지 아름다움과 위엄, 상징을 추구할 것인지를 결정해야 하는 것이다.

이를테면 우리는 하나님의 가족이므로 교회 내부를 가정처럼 디자인하는 것은 어떨까? 가정적인 분위기는 부모 형제를 떠나온 장병 신자들에게 더욱 안온하고 친밀하게 느껴지도록 하는 효과가 있을 것이다. 실제로 필자가 방문했던 헝가리의 한 교회(부다페스트 근교의 비치케 침례교회였다)는 내부를 정원식으로 꾸미고 실내 장식을 가정처럼 꾸밈으로 매우 친근하고 안온한 분위기를 연출한 것이 인상적이었다.

가톨릭은 성인을 세워 추앙하는데 개신교인들에게는 매우 생경하고 부정적으로 느껴질 수 있지만 그것이 가지는 나름대로의 역할 또한 무시할 수는 없다. 신자 개개인이 저마다 자기의 신앙적 롤 모델을 가질 수 있으며 성인들을 멘토로 생각하여 그들의 신앙 모범을 따른다는 생각에는 긍정적인 면도 있음을 간과할 수 없다.

> 가톨릭이 하나님의 위엄과 신비를 다양한 양식과 상징을 통해서 표현하고자 하였다면 몇몇 개신교의 대형교회들은 편리함과 규모에만 치중함으로써 교회 건축의 신학적 의미와 예술적 아름다움의 측면에서는 오히려 후퇴하였다.

상징을 쓰는 것이 신학적인 검토와 시간이 필요한 일이라고 한다면 교회 내에 기독교 역사의 인물뿐만 아니라 한국교회의 인물들을 기념하는 액자나, 교회 역사 기념관 정도를 배치하는 것도 의미가 있을 것이다. 대전의 새로남교회(오정호목사 시무)는 기독교 역사관을 따로 마련하여 신자들의 교육에 활용하고 있는 좋은 사례이다. 지나친 장식이나 상징물을 배치하는 것은 삼가야 하겠지만 신학적이거나 교육적인 검토가 미흡한 가운데 천편일률적으로 지어지고 배치되는 교회와 내부 장식도 다시 생각해보아야 할 것이라고 여겨진다.

5. 친교

전도에 대한 현대신학적 반성 가운데 중요한 한 가지는 교회의 신자 정원을 늘리려는 데 과도한 노력을 기울이기보다는 신자들과 이웃들간에 친밀한 교제를 나누고 사랑을 실천하는 데 더욱 힘을 쏟으라는 것이다. 신자들에게 전도를 강조하는 것은 당연한 것이기는 하지만 현재 한국교회가 당면한 상황에서 이러한 방식이 효과적일 수는 없다. 몇몇의 유능한 전도자나 교회의 열심이 전체 교회 공동체를 냉담하게 바라보는 불신자들의 인식을 변화시키는 데는 한계가 있다. 그러므로 초대교회처럼 온전한 회심과 신앙적 실천에 초점을 맞추고 먼저 질적으로 높은 수준의 교회 공동체를 만들어가는 데 전력을 기울여야 한다. 그러려면 교회 일치와 건전성 추구, 사랑의 무조건적인 실천이 선행되어야 한다. 일방적이고 독선적으로 비쳐지는 교회 성장주의나 개교회주의, 교단 중심주의에서 벗어나 교제의 정신을 가지고 교단과 교단이, 신자와 신자가, 신자가 불신자에게 다가가야 한다.

부흥이나 신자의 성장을 생각할 때 으레 먼저 떠오르는 것이 성경공부나 교리공부, 부흥회와 기도회 같은 것인데 설혹 이러한 모임들이 활발하게 이루어진다고 하더라도 교제의 정신이 결여되어서는 진정한 교회 공동체를 이룰 수 없다. 데니스 킨로Dennis F. Kinlaw는 마가복음 3장 13~15절의 "또 산에 오르사 자기의 원하는 자들을 부르시니 나아온지라 이에 열둘을 세우셨으니 이는 자기와 함께 있게 하시고 또 보내사 전도도 하며 귀신을 내어쫓는 권세도 있게 하려 하심이러라"를 주석하면서 예수께서 제자들을 부르신 첫째 이유가 "자기와 함께 있게 하시기 위함"이라고 하였다.[83] 여기서 "함께 있는다"는 말의 뜻은 막연하게 함께 지낸다는 것이기보다는 보다 적극적인 의미에서의 교제를 말하고 있다. 예수께서 그토록 연약하고 부족한 제자들을 불러내신 중요한 이유가 그들과 교제를 나누기 위해서라는 것이다.

신자들이 나누어야 할 교제의 성격이란 그리스도를 가운데 모시고 서로 이해하고 용서하고 화해하며 사랑하고 섬기는 것이다. 삼위일체 하나님도 서로 교제하신 하나님이시다. 서로 마음을 열고 상대방을 받아들이는 친교의 기쁨이 넘칠 때에야 비로소 교회 공동체는 자연스럽고 자발적으로 이웃을 향해 나아갈 수 있으며 선교의 사

---

[83] 데니스 킨로, 『성령 안에서 설교하라』, 홍성철 역, (서울: 세복, 1996), 21.

명을 감당할 수가 있다. 이것은 흔히 일컬어지는 "행복한 교회 만들기 프로젝트"와는 개념이 상당히 다르다. 후자는 다분히 교인들의 욕구에 영합하고자 하는 의도가 내재되어 있으나 전자는 우선적으로 성경의 요구에 맞추고자 하는 것이기 때문이다. 가장 작은 자나 가난한 자를 통해서도 배울 수 있고 풍족해질 수 있다는 것은 예수께서 우리에게 가르쳐주신 경이로운 지혜다. 하나님의 능력과 은혜는 인간이 구비한 조건이나 지혜에 제한받지 않는다.

헨리 나우웬Henri Nouwen은 그의 저서 『아담』에 명문대학 교수를 포기하고 돌보러 간 지체 장애우를 통해서 전혀 기대하지 않았던, 전통적 의미에서 은혜의 원천이랄 수 있는 교회나 지혜의 산실로 여겨지는 대학에서, 혹은 본인이 개인적으로 중요하게 생각했던 사람들과의 관계 속에서도 체험할 수 없었던 새롭고 특별한 은혜에 대해서 쓰고 있다. 그는 "나는 내가 한 일과 얼마나 많이 생산해 낼 수 있을지에 대해 염려하는 동안 아담은 내게 '행위보다는 존재가 더 중요합니다'라고 선포하고 있었다"[84]라고 씀으로써 교제의 본질이 무엇인가를 잘 밝혀주고 있다. 교제란 다름 아닌 하나님이 만드신, 있는 그대로의 존재를 인정하고 축하하며 위해주는 것이다. 군인교회에서 이러한 교제의 기쁨을 나눌 수 있다면 그러한 경험은 두고두고 잊히지 않는 추억이 될 것이고 믿음으로 장래를 헤쳐 나갈 자산이 될 것이다.

---

[84] 헨리 나우웬, 『아담』, 김명희 역, (서울: IVP, 2013), 56.

> 가장 작은 자나 가난한 자를 통해서도 배울 수 있고 풍족해질 수 있다는 것은 예수께서 우리에게 가르쳐주신 경이로운 지혜이다. 하나님의 능력과 은혜는 인간이 구비한 조건이나 지혜에 제한받지 않는다.

6. 문화적 요소와 장치

한국사회에 기독교가 처음 들어왔을 때에 사회 전반에 커다란 문화 충격이 발생하였다. 기독교 안에 있는 해방하는 힘은 천민들과 여성들, 어린이들, 가난한 자들, 억압받는 자들에게 희망을 충만하게 채워주었다. 우선 발달된 의료, 교육 시스템으로 한국민들을 섬기는 선교사들의 사랑어린 섬김은 그들의 신앙의 실체를 알기에 앞서서 신선한 충격으로 다가왔다. 시골이나 도시 할 것 없이 세워진 교회당은 예배의 장소인 동시에 발달한 서양문물을 경험할 수 있는 곳이기도 하였고, 유교사회에 억압되어 있던 회중들이 사회적 신분이나 능력을 초월하여 격의없는 교제를 나눌 수 있는 공간이었다. 기독교 신앙의 실체가 드러나면서 대중들은 그 생명력이 사회 곳곳에 파급되는 현상을 목도할 수가 있었다.

새벽에 일어나 '알지 못하는 신'에게 생수를 떠놓고 기도하던 아낙네들은 이제 살아계신 하나님 앞에 나와서 아침과 저녁을 주관하시는 한 분이신 하나님께 분명하게 신앙고백을 드리는 기쁨을 누리게 되었으며 그것은 새벽기도회의 부흥으로 번져나갔다. 농악과 민요 외에 즐길 만한 노래가 별로 많지 않았던 회중들이 오르간과 피아노에 맞추어 부르는 찬송은 신세계를 맛보는 감흥을 주었다. 그 밖에 교회에서 실시하는 수련회, 사경회, 야외예배, 문학의 밤 등은 시대를 선도하는 문화의 모습이기도 했다. 그러나 오늘날 개신교가 내세울 만한 문화, 모든 사람들이 매력을 느끼고 다가올 수 있는 문화로는 무엇이 있을까?

앤디 크라우치는 "예수님은 마음을 변화시키려면 문화를 변화시켜야 한다고 가르치셨다"[85]고 말한다. 군교회에서 장병들에게 기독교적인 가치와 신앙을 각인시키려면 성경말씀만을 가르치는 것만으로는 부족하다. 이를테면 기독교 진리의 위대함을 결코 잊지 못하게 하는 것 중에 하나가 십자가이다. 십자가는 그것 하나만으로 복음의 심오한 의미를 깨닫게 한다. 이것이 상징과 문화가 가진 힘이다.(물론 그 의미를 심령 깊은 곳에 깨닫게 해주시는 분이신 성령의 감화가 있을 때 그렇다) 기독교 신앙은 정신이고 문화는 삶이다. 모든 예배와 아울러 장병에게 신앙과 가치를 깊이 새겨주는 기독교의 예술, 건축, 예전, 절기는 하나의 문화가 되고 다시 문화는 신앙을 견인하며 깊이를 더하는 동력이 되는 것이다.

로드니 클랩(Rodney Clapp)은 그의 책에서 사순절 때에 물과 종려나무 재를 섞어 만든 반죽을 교인의 이마에 찍어주며 "너는 흙이니 흙으로 돌아갈 것이라"고 말하는 의식의 강력함에 대해서 말하고 있

---

[85] 앤디 크라우치, Ibid. 184.

다.[86] 그것은 상징적 행위인 동시에 하나님의 주권을 인정하고 자신의 겸손을 나타내는 신앙의 표현이다. 어떤 행위에 특별한 의미를 부여하고 그것을 반복하여 수행하게 되면서 거기에서 삶의 무의미성이나 고통을 극복할 힘을 찾아내고 인생을 축하할 새로운 의미를 건져낸다면 하나의 문화가 되는 것이다.

프란시스 쉐퍼Francis A. Schaeffer는 기독교적 세계관은 이른바 장조적 주제와 단조적 주제로 구분될 수 있다고 말했다. 단조적 주제란 반역적인 세상의 비정상적인 모습이며, 장조적 주제란 단조적 주제와는 정반대의 것으로서 인생의 의미성과 목적성과 관련된다고 한다. 그리스도인의 예술적 접근은 이 두 가지 주제를 균형 있고 조화롭게 다룸으로써 심오한 하나님의 사랑과 구원의 섭리를 드러내야 한다고 말이다.[87]

> 기독교 신앙은 정신이고 문화는 삶이다. 예배와 아울러 장병들에게 신앙과 가치를 깊이 새겨주는 기독교의 예술, 건축, 예전, 절기는 하나의 문화가 되고 다시 문화는 신앙을 견인하며 깊이를 더하는 동력이 되는 것이다.

일반인들을 위한 예배뿐만 아니라 장병들을 위한 예배에서도 마찬가지로 보다 심오한 노력을 기울여 예배순서를 정해야 하며 관련된 행사도 성경에서 원리를 찾아 기획되어야 한다. 이러한 예배나

---

86 로드니 클랩, 『사람의 위한 영성』, 홍병룡 역, (서울: IVP, 2006), 200.
87 프란시스 쉐퍼, 『예술과 기독교』, 김진석 역, (서울: IVP, 2014), 66-69.

행사가 문화적 힘을 얻을 때 그것은 죽음과 허무, 고통을 극복하게 하는 아이콘이 되는 것이다. 미국 교회에서는 청소년들이 교회에서 하룻밤을 함께 보내는 'Rock-In'이라는 행사가 인기를 끌고 있는데 청소년들이 그리스도께 대한 신앙을 표방하면서 노래하고 대화하며 쉼을 나누는 이와 같은 시간들이 또 다른 특별한 의미를 주는 것 같다. 이밖에 기독교만의 특성을 드러낼 수 있는 장례, 혼인, 생일, 세례기념일 등이 보다 깊은 기독교적 의미를 가질 수 있으며 군인교회에서는 가능하다면 장병들의 가족을 초청하여 진행하는 1일 수련회 개최를 시도해보는 것도 좋을 것이다.

교회의 건축은 하나님의 위엄과 자비와 신비를 최대한 표현하려는 의도를 담아내려 했으나 점차 세속적 권위와 영화를 내세우는 쪽으로 변질되고 말았다. 개신교회의 건축은 개혁신앙의 의미를 담아내야 함과 동시에 선교신학적으로 재정립되어야 할 필요가 있다.

제9장

전망과 과제

　이제까지 필자는 장병전도에 있어서 기존에 행해졌던 전도 방식의 문제점을 짚어봄과 동시에 교회 역사에 따라 시대마다 전도에 맞추어진 서로 다른 초점들을 살펴보고 그 성찰을 담아 군장병 전도에 새로운 패러다임을 제시해보고자 하였다. 복음 전도의 중요성은 교회의 본질적인 사명으로서 아무리 강조해도 지나치지 않을 것이다. 그러나 오늘날 복음 전도가 교회의 성장이나 개인의 사명과 헌신에 초점을 맞춤으로써 복음 전도의 본질을 희석시킨 면이 있다. 그런 면에서 이제부터라도 인간의 총체적 회복을 위한 하나님의 선교라는 큰 틀에서 전도를 이해하고 접근한다면 전도의 본래적 의미를 회복함과 동시에 건강한 교회 공동체를 세워나갈 수가 있을 것이다. 그럼으로써 오늘날 방법적인 면에 치중하고 있는 전도가 이 시대를 위한 보다 의미 깊은 삶의 방식으로서의 대안을 제시하는 사역이 될 수 있을 것이다.

1. 초점 옮기기

비전 2020실천운동을 보면, 그것을 제안한 분들의 의욕과 열정은 순수하기만 하였지만 실천을 주도한 군선교연합회에서 운동의 취지를 변질시킨 측면이 있다. 순수한 제안을 신학적으로 잘 검토하여 제대로 된 선교 패러다임으로 만들지 못하고 군선교에 힘을 결집시킨다는 명분하에 하나의 전술로 밀어붙인 분들의 맹성을 촉구한다. 장병세례가 짧은 기간의 군복무 동안 신자화를 이루어야 한다는 특수한 환경에서 이루어진 점은 이해할 수 있지만 그럼에도 불구하고 세례 숫자를 실적으로 치장하고 홍보 수단으로 전락시킨 것은 부끄러운 일이 아닐 수 없다.

이제야말로 성급한 결신주의에서 '온전한 회심'으로 초점을 옮겨 장병들의 입교에서부터 소속시키기까지 유기적으로 양육하는 일련의 시스템을 제대로 확립하여야 할 시기가 되었다. 장병세례를 기독교 국가 세우기의 방편으로 삼는다는 구상도 폐기되어야 마땅하다. 하나님 나라는 하나님의 통치권이 확립될 때에만 이루어지는 것이지 숫자나 세력화, 제도로써 이루어지는 것이 아니기 때문이다. 한국교회 살리기라는 명분도 재고되어야 할 것이다. 왜냐하면 앞에서 살펴본 바와 같이 작금의 전도는 개인이나 교회가 감당하기보다는 교회 전체의 공동체성이 담보되어야 하기 때문이다. 교회 전체의 이미지가 쇠락하고 있고 사방에서 공격을 받고 있으며 선교가 생존게임이 되고 개혁이 외면되고 있는 현실에서 전도의 역량을 단번에 회복하기는 불가능하다. 그러므로 한국교회는 전체 공동체성을 회복하는 데 우선적인 노력을 기울여야 할 것이다. 앞으로 장병전도는 장기적인 안목에서 '회심'과 새로운 '관계 맺기' 및 '소속시키기'에 역점을 두고 이루어져야 할 것이다.

2. 전도의 열쇠

이제까지 한국교회가 보여준 전도에 대한 열심만은 (그 신학적 근거와 방법론은 차치하고서) 전 세계 교회에 대하여 귀감이 되며 자랑거리였다고 할 수 있을 것이다. 이러한 전도의 열심에 힘입어서 한국교회가 성장해온 것도 부인할 수 없는 사실이다. 그러나 오늘날 한국교회가 직면한 현실은 이전과는 판이하게 다르다. 한국교회의 전도 방식뿐만 아니라 그 존재 방식에 대하여 신중한 검토와 반성을 기대하는 사회적 요구도 거세다.

또한 일부 교회의 재정의 불투명성이라든지 교회의 비민주성을 드러내는 세습, 일반 기업을 방불케 하는 공격적 교세 확장도 반기독교적인 정서를 키우는 요인들이 되고 있다. 여기에다가 현대문화를 주도하고 있는 포스트모더니즘은 기독교에 대하여 냉소적인 사회적 분위기를 확산시키는 데 일조하고 있다. 최윤식은 "한국교회는 쇠퇴기에 접어들었다"고 진단하면서 "뼈를 깎는 갱신의 노력이 없다면 2050~2060년경에는 300~400만 명으로 교인 수가 줄어들 수 있으며 주일학교는 30~40만 명으로 줄어들 수 있다"[88]고 경고한다. 이러한 예상이 너무 가혹하게 들릴지 모르지만 분명히 우리가 직면한 한국적 상황은 과거와 180도 다르다는 점을 인정해야 한다. 이러한 인식하에 지금까지 논의한 것을 종합하여 보면 앞으로의 전도에서 염두에 두어야 할 과제들을 요약해 볼 수가 있을 것이다 앞으로의 전도에서 핵심적인 키는 공동체전도, 생활전도, 문화전도, 영성전도가 될 것이다.

A. 공동체전도

먼저 교회의 건강성이 담보되지 않는 교회의 성장은 의미를 가질 수 없으며 앞으로의 전도도 가능하지 않다는 점이다. 전도를 받는 사람들은 전도하는 사람들의 입술을 보는 것이 아니라 그 배경을 이루고 있는 교회 전체를 보고 있다는 사실을 기억해야만 한다. 그들은 삼위일체가 되신 하나님이 어떤 분인지에 대해 알지 못하며 기독교의 진리 체계에 대해서도 알지 못한다. 신앙을 가지게 되면 앞으로 그들의 삶이 어떻게 될 것인가에 대하여 불신자들은 전혀 예측하지 못한다. 이러한 상황에서 시금석으로 삼는 것은 교회 공동체 자체이다. 그런데 교회가 세속적이고 비민주적이며 분열을 일삼는 것을 보게 된다면 기독교 신앙에 대해 부정적인 마음을 갖게 되리라

---

[88] 최윤식,『한국교회 미래지도』, (서울: 생명의말씀사, 2013), 39.

는 것은 새삼 말할 필요조차 없을 것이다.

그렇다면 군교회에서 공동체성에 위협이 되고 있는 것은 무엇이 있을까? 우선 떠올릴 수 있는 것이 계급주의이다. 군은 당연히 계급의 구조를 가지고 있으며 이러한 계급구조는 존중되어야 마땅하다. 그러나 계급주의는 사람 개개인의 특성과 인격을 존중하기보다는 계급에 의해 모든 사람을 판단하면서 인간의 존엄성과 자율성을 심각하게 훼손할 수 있으며 교회의 민주성도 위협할 수 있다. 그러니만큼 모든 신자들은 이런 계급주의의 폐해를 경계해야 하며 자신의 계급을 섬김의 도구로 생각해야 할 것이다. 필자가 경험한 예로, 부대의 최고 지휘관이 교회에 나오는 신자인 경우 예배를 마치고 이후의 순서(식사, 교제)는 지휘관 중심적으로 진행되는 경우를 종종 보아왔다. 식사 시간도 마치 참모회의 중인 것으로 착각될 때가 있었는데, 이러한 분위기는 초신자들이 교회에 대해 생각하는 기대치를 손상시킬 수 있다. 이러한 계급주의는 물론 비단 군교회에만 존재하는 것이 아니다. 일반교회에서도 학벌이나 경제적 능력에 따른 또 다른 계급주의가 형성되어 있는 경우도 드물지 않다고 본다. 앞으로 한국교회의 과제는 예수 그리스도를 교회의 진정한 주로 회복시키는 건강한 공동체를 이루기 위해 무엇보다 많은 노력을 기울여야 한다는 점이다.

물론 교회의 건강성을 해치는 것이 이것만이 아니며 인간의 본성 중 하나인 이기주의와 당파주의로 인해 생겨나는 폐해는 교회 안에서도 예외적인 일이 결코 아니다. 오늘날 교회 안의 패권주의,

서열화, 세력화, 맘모니즘, 성차별, 분열주의의 폐해는 일일이 열거하기 어려울 정도이며 이 같은 현상들을 극복하는 공동체의 건강성이야말로 교회가 외부 전도에 나서기 전에 먼저 이루어야 할 절박한 과제가 아닐 수 없다. "장미꽃도 자세히 들여다보면 벌레가 있고 가시도 있다"는 식의 변명으로서 교회가 자기 개혁을 게을리 한다면 얼마가지 않아 시들어버린 장미가 되어 버림받게 될 것이 자명하다. 사도 바울이 교회를 세우는 열심에 견주어 그것의 배 이상으로 교회의 건강성을 위해 노력했던 것을 기억해야 하며 교회의 공동체성이야말로 앞으로의 전도의 성패와 한국교회의 미래를 가늠할 수 있는 핵심 요소임을 알아야 한다.

B. 생활전도

이 용어는 다른 말로 하면 요즘 강조되고 있는 관계전도, 혹은 섬김전도라는 용어로 환원해도 무방할 것이다. 이러한 용어가 담고 있는 개념은 결국은 다 같은 방향을 지향하고 있는 것으로 보인다. 일반적으로 신자들이 가지고 있는 전도개념이란 기독교의 진리를 효과적인 기법이나 언어로 전달하는 것에 머물고 있다고 보는 데 반해 생활전도나 관계전도, 혹은 섬김전도는 신앙의 실천을 우선시하고 있다. 현재 우리가 당면한 상황에서는 말은 가능하면 적게 하고 사랑하고 헌신하는 모습은 많을수록 좋을 것이다. 그리스도인들이 생활 속에서 다른 이들과 좋은 관계를 맺으며 이웃을 더욱 사랑하고 겸손하고 친절하지 않는다면 복음은 그 설득력을 상실하게 될 것이다.

이미 대중집회나 이벤트 형식의 전도방식이 전도에 미치는 효과가 생각보다 미미하다는 것과 이를 통해서 교회에 나오고 등록하는 경우는 매우 드물다는 분석이 나와 있다. 또한 길거리에서 전도지를 뿌리거나 가가호호 방문하는 등의 전도방식도 한계에 부딪치고 있는 실정이다. 성경은 "말씀이 육신이 되어 우리 가운데 거하시매 우리가 그 영광을 보니 아버지의 독생자의 영광이요 은혜와 진리가 충만하더라"(요한복음 1장 14절)라고 말씀하고 있다. 말씀의 육화가 곧 하나님 선교의 출발점인 것처럼 그리스도인의 전도도 기독교 진리의 육화가 그 출발점이 되어야 한다.

좋은 전도의 기법을 가지고 있다는 것은 전도에 있어서 필요조건이기는 하지만 충분조건은 될 수가 없다. 전도란 결국 '말씀이 육신이 되어 우리 가운데 오신' 예수의 발걸음을 따르는 과정에 다름이 아님을 기억해야만 한다. 이러한 맥락에서 오성춘은 홈즈Urban T. Holmes의 주장을 인용하는데, 홈즈에 따르면 기독교 영성은 우선적으로 인간의 관계형성 능력이며 기독교 영성의 첫째 요소는 관계성이라는 것이다.[89] 물론 생활전도가 무조건적으로 다른 사람과의 친밀한 관계를 지향해야 한다는 것은 아니다. 좋은 관계에 못지 않게 올바른 관계도 중요하다는 것을 인식해야 한다. 기독교인과 비기독교

---

[89] 오성춘, 『영성과 목회』, (서울: 장로회신학대학교 출판부, 1995), 72.

인간에는 분명히 타협하기 힘든 믿음과 가치관의 차이가 있다. 그러므로 친밀한 관계를 우선시하게 된다면 스스로 혼란에 빠지게 될 수도 있을 것이다.

생활전도와 관계전도가 중요하다는 것은 그것을 전도를 위한 또 하나의 새로운 기법으로 활용하라는 의미가 아니며 그리스도인들이 삶 속에서 빛과 소금의 역할을 충실히 감당한다면 그리스도인들의 신앙의 진정성을 세상이 받아들이게 될 것이라는 것이다. 초대교회 성도들이 전도를 위해 유달리 관계 증진에 힘쓴 것이 아니라 기독교 진리에 입각한 삶을 충실히 살았기에 전도가 가능하였다는 점을 기억해야 할 것이다.

또한 모든 그리스도인들이 성자와 같을 수는 없겠으나 예배나 친교, 선행 등에서 즐거움을 누리며 나누게 된다면 그 자체가 훌륭한 전도의 효과를 발휘하게 될 것이다. 전도가 단지 설득의 논리학이 되어 버리거나 일방적인 선포에 머무른다면 불신자들과의 거리를 좁히는 데 실패할 수밖에 없다. 청년장병들을 전도하는 데 있어서도 기존의 신자들이 명심해야 할 것은 바로 이 같은 것이다.

C. 문화전도

기독교는 예수께서 부활하신 날을 주일로 바꾸어놓았다. 오늘날 대부분의 나라에서 그들이 기독교인이든 아니든 모두들 일요일을 쉼과 교제의 시간으로 삼고 있다. 기독교는 또한 새벽을 기도하는 시간으로 변화시켰다. 이와 마찬가지로 여성의 권위를 신장시켰고 어린이의 가치를 드높여 놓았으며 역사적 굴곡이 적지 않았지만 인종주의를 넘어선 만인평등주의 실현의 기초를 닦았다. 또한 많은 어려움 가운데서도 결과적으로 국가와 가정의 민주화에 큰 기여를 이루었다. 그리고 지금도 인종차별 철폐나 인간의 존엄성 보장을 위한 노력들이 계속되고 있으며 북한을 포함한 인권 신장이 시급한 나라들을 변화시키는 일에 앞장서고 있다. 종교개혁자들과 청교도들은 노동의 신성함을 일깨우고 약속과 신뢰의 중요성을 각인시켜 근대 자본주의가 뿌리내리는 데 일조하였다. 이것은 기독교적 가치가 파급되면서 이루어진 문화적 변화라고 말할 수 있다. 이처럼 신앙이란 삶으로, 그리고 문화로 뿌리를 내려야 한다.

그러나 오늘날에 와서 기독교가 사회에 얼마만큼 문화적 변화를 가져오고 영향력을 발휘하고 있는지는 상당히 회의적인 시점에 도달하였다. 우리 주변에 거대한 세력을 이루고 있으며 인간성을 잠식하고 있는 황금만능주의, 쾌락주의, 소비주의에 대하여 기독교 신자들이 무기력한 모습을 보이고 오히려 그러한 문화의 확산에 일조하고 있는 모습을 지켜볼 수밖에 없는 것이 현실이다. 또한 기독교가 세상에 대하여 경고를 일삼고 무엇을 "하지 말라"고 목청을 높이는 것만으로는 부족하다. 세상을 바꿀 수 있는 방법은 비판과 경고를 일삼는 것이 아니라 모두가 즐겁게 동참할 수 있는 문화를 일구고 확산시키는 것이다.

그렇다면 청년세대에게 어떠한 문화적 영향력으로 기독교 신앙을 전파할 수 있을까? 최윤식은 신세대는 가치관과 신념체계의 융합 현상이 분명하게 나타난다고 하면서 그들의 문화는 '통합', '다양', '연결'이라는 세 단어로 표현될 수 있다고 말한다. "신세대는 엄청난 문화 흡인력을 통해 그들만의 퓨전문화를 만들어간다. 세계화를 통해 문화적으로 가장 우수한 것들만을 받아들이면서 '문화의 지구적 교배'를 가속화하고 있다. 겉으로는 서로 비슷해 보이지만 그 안에는 전보다 다양한 문화적 색깔을 추구하려는 경향이 강하다. 다양하지만 서로 연결되어 있다"[90]는 분석을 통해 현대 청년들을 특징 짓고 있다. 확실히 속도와 다양성과 융합이라는 면에서 신세대 청년들을 따라잡기는 힘들다. 또한 문화란 결코 쉽게 인위적으로 만들어 퍼뜨릴 수 있는 성질의 것도 아니다.

앤디 크라우치는 『컬쳐 메이킹』에서 섣부르게 새로운 문화를 만들어내려는 시도는 금물이라고 하면서 오히려 우리가 지금 현재에서 할 수 있는 일을 하라고 조언한다. 우리는 대개 문화를 가치관이나 세계관, 사고방식에서 파생되어 나온 것으로 생각하며 그러므로 사고의 체계를 개선하거나 잘못된 문화를 공격하고 분리하는 것에 집중하는 경향을 보여 왔다. 그러나 그러한 단순한 접근방식으로는 문화의 특징이나 본질에 다가설 수 없으며 문화를 바꿀 수도 없다. 문화 재화는 자기만의 생명을 가지고 있으며 문화 재화는 예상할 수 없는 방식으로 세상을 재구성한다. 그리스도인이 세상을 바

---

[90] 최윤식, Ibid. 171.

꾼다는 것은 새로운 문화를 창조한다는 것인 동시에 (바람직한 의미에서) 새로운 문화를 위해 자신의 가치관이나 생활방식까지 바꿀 수 있다는 것을 의미하기도 한다. 곧 이론이나 지식체계의 전파로 세상이 변하지 않는다는 사실을 인식해야만 한다.

여기서 가장 중요한 훈련은 전략을 삼가는 것이다. 다시 말해, 더 큰 문화적 영향력을 위한 계획 수립을 중단하는 것이다. 가장 큰 문화적 결과를 만들어낼 수 있는 곳은 우리가 이미 문화적 영향력을 발휘하고 있는 영역이며 또한 새로운 것을 제공하는 우리의 능력을 인정해주는 공동체 내에서 우리가 이미 계발하고 있는 영역이다. 그런 면에서, 우리가 어디에서 문화 권력을 소유하고 있는지 정직하게 평가하는 것이야말로 더 많은 문화 권력을 필사적으로 축적하려는 헛된 과정에 대한 가장 좋은 해독제이다.[91]

앤디 크라우치의 말처럼 섣부르게 '세상을 바꾸자'는 슬로건을 내걸기보다는 내가 속한 공동체 내에서 가지고 있는 역할이나 성경적 공동체의 가치를 계발하고 보전함으로써 '작은 집단'을 통해서 일하시는 성령의 창조적 능력을 경험하도록 해야 한다. 기독교인 각자가 현재의 위치에서 할 수 있는 일을 하는 것이 최선이고 가장 큰 일이 될 수 있다는 것이다. 성경은 큰 자와 작은 자를 나누고 큰일과

---

[91] 앤디 크라우치, Ibid. 313.

작은 일을 나누는 세속적 관점을 거부하며 오히려 "어린아이와 같이 자기를 낮추는 자가 큰 자"라고 말씀한다(마태복음 18장 4절). 겸손히 진리와 진실의 힘을 믿고 행할 때 인간의 지혜와 능력을 초월하여 큰일을 이루시는 분은 하나님이시다.

군인교회가 이미 민간교회에서 성공적으로 실천되고 있는 프로그램들로부터 영감을 얻고 창의적 변형을 시도해보는 것도 지혜로운 일이 될 것이다. 이들 가운데 지역사회와의 관계 형성을 위하고 하나님의 은혜를 나누기 위해 실시하고 있는 소외계층을 돌보는 기부, 나눔운동과 푸드뱅크 운영, 가난한 이들의 배움과 학문을 장려하는 장학회 운영, 각종 예능 및 체육, 동아리 활동, 장병들의 애환을 함께 나눌 수 있는 상담실 운영과 맞춤형의 기도회 등을 통해, 사랑과 희망, 용기를 나누는 일들을 꾸준히 실천해나가야 할 것이다. 이 모든 일들이 문화로 뿌리내리기 위해서는 단기적인 성과를 이루고자 하는 의도를 배제하고 그리스도의 사랑을 구현하기 위해 꼭 필요하다는 인식을 가지고 꾸준히 실천해야만 한다.

D. 영성전도

앞에서 살펴본 바와 같이 포스트모더니즘의 시대는 종교의 획일주의나 진리의 보편성을 거부하고 다양성을 존중하는 방향으로 선회하고 있음을 알 수 있다. 더 나아가 급속도의 과학적 발전으로 이루어지고 있는 온갖 생활의 변화는 물론, 100에서 130세로 예상되는 수명 연장의 시대에 들어선 신인류가 살아가는 시대에는 종교에 대한 필요나 관심이 현저하게 줄어들 것이라고 예상도 나오고 있다.[92] 대다수의 연구소나 학자들이 내놓고 있는 예측은 결코 종교의 미래에 대해서 호의적이거나 희망적이지 않다. 그러나 그것은 어디까지나 저마다의 견해일 뿐 아무도 미래를 정확히 예측할 수는 없다는 것이 사실일 것이다. 최윤식은 존 네이스비트John Naisbitts의 "우리의 삶에 더 많은 하이테크를 도입할수록 우리는 더 나은 하이터치를 갈망하게 된다"라는 말을 인용하여 가까운 장래에 종교의 종말이 도래할 것이라는 예측을 내놓은 것은 섣부른 예단이라는 것을 주장한다.[93]

이처럼 또한 적지 않은 사람들이 외형적인 변화나 현상과는 달리 실제적으로 종교의 필요성은 결코 줄어들지 않을 것이라고 예상한다. 하비 콕스Harvey Cox는 교회와 종교의 부정적 미래에 대한 신학자와 사회학자의 예언은 과거에도 있었음을 환기시키면서, 많은 이들이 "20세기 급속한 과학 기술 문명의 발달과 도시의 번성이 점진적으로 종교를 인간 생활의 주무대에서 밀어내고, 결국 종교는 그 뿌리를 상실한 채 소멸될 것이라고 진단하였다"[94] 그러나 "그러한 일은 일어나지 않았다"고 설명한다. 그는 다시 "종교는 기본적으로

---

[92] 미래학자인 박영숙과 제롬 글렌은 함께 쓴 책에서 "죽음이 멀어지면 종교도 함께 멀어진다"고 말하며 2090년도에는 유럽국가들 가운데 종교를 갖지 않은 인구가 90%를 넘어설 것으로 예측하고 있다. 94..

[93] 최윤식, Ibid, 79.

[94] 하비 콕스, 『영성, 음악, 여성』, 유지황 역, (서울: 도서출판동연, 1996), 19.

질서와 혼돈, 균형과 무절제, 그리고 자기 성찰과 자발성 사이에서 동일하게 분리된 의식과의 싸움이다[95]"라고 말한 바 있는데 과학문명의 발전에도 불구하고 이러한 싸움은 미래에도 계속될 전망이다.

과학문명이 획기적으로 발달한다고 하더라도 인간이 신의 속성인 완전성[96]을 자신 안에 구현하지 못하는 한 모순과 혼돈은 지속될 것이다. 역사를 회고해볼 때 문명의 발달은 풍요와 차이를 동시에 만들어왔으며, 풍요는 주로 정신적 소외현상을, 차이는 주로 물질적 소외현상을 만들어왔다. 거기다가 역사는 항상 의외성에 의해 전혀 예상치 못하는 방향으로 치닫고는 했다. 핵폭탄의 발명이나 슈퍼 박테리아의 출현, 메르스(MERS, 중동 호흡기 증후군) 사태와 같은 사건은 물론이려니와 인공지능 로봇, 지구 온난화 현상, 유전자 조작이나 줄기세포 연구, 자원 고갈의 현상들도 진행 중인데 이러한 문제들이 종종 인간의 통제와 기대의 수준을 벗어나 임의로 작동한다는 것이다. 곧 한 가지 측면에서의 발전이 모든 측면에서도 그러할 것이라는 논리로는 성립되지 않으며, 예기치 않은 문제가 언제든지 일어날 수 있는 것이 문명발달사의 역설이기도 한 것이다. 그러므로 다만 인간의 수명이 연장되고 과학적 기술이 고도로 발전하여 무수한 편리가 제공되고 다양한 군상들의 삶이 영위될 것이라는 외적인 현상에 기대어 종교가 불필요하게 될 것이라는 생각은 지나치게 단선적

---

95 Ibid, 64.
96 기독교적으로 볼 때 신의 완전성이란, 자존성, 거룩성, 영원성과 사랑, 정의, 평화 등을 들 수 있다.

인 주장에 불과하다는 것이 필자의 생각이다.

하비 콕스의 성찰에 미루어본다면 오히려 미래 사회는 다종교 사회로서의 각축장이 될 것이다. 그 이유는 다양한 종교가 인류 문명화의 빈 공간을 파고들 것이고 기존의 종교도 새로운 시대의 도래에 맞게 자기 혁신을 계속해나갈 것이기 때문이다. 지금도 우리 주위에는 다양한 종교 집단이 계속 출현하고 있다. 이를 구분 짓자면 크게 기존 종교와의 차별성을 강조하는 신흥 종교들과 기존 종교를 혁신하는 부류로 구분할 수가 있다. 기존 종교를 혁신한 형태는 구교에서 분리되어 나온 프로테스탄트, 청교도, 새로운 영성운동을 주창하는 아미쉬, 라브리, 부르더호프, 떼제공동체, 가톨릭의 포콜라레 운동 등을 들 수가 있다. 기존 종교와의 차별성을 근거로 한 신흥 종교들은 사이언톨로지, 뉴에이지, 원불교 등을 들 수 있을 것이다. 근래에 불교계에서 웰빙 세대를 겨냥하여 산사체험 등을 내놓는 것도 불교에 대한 관심을 일으키고 신자들을 끌어들이려는 노력의 하나이다. 여러 가지 현상들을 놓고 볼 때 예상할 수 있는 것은 아래와 같은 것이다.

가) 기존의 종교 현상은 퇴조할 것이다. 이 같은 전망은 이미 동양에 앞서서 먼저 산업화와 도시화, 기술화를 이룬 서구사회에서 경험한 바이기 때문에 어느 정도 설득력을 갖는다. 새로운 시대에 적응하거나 새로운 시대에 맞게 체질을 개선하지 못하는 구태의연한 종교는 쇠퇴하게 될 것이다.

나) 그러나 이와는 반대로 개인의 정체성을 찾고 소외문제를 해결하려는 욕구는 증가할 것이다. 사람들은 그 본성상 신비, 역동, 영원을 희구한다. 필자는 그들이 그러한 욕구를 만족시킬 만한 것을 종교나 예배에서 찾지 못했기 때문에 음악, 게임, 환타지랜드, 영화, 스포츠에 몰입한다고 본다. 신인류가 찾는 것이 편리함과 쾌락만은 아닐 것이다. 인간은 존재의 유한함과 자기 능력의 한계를 알고 있으며 쾌락의 허망함을 알고 있는 유일한 존재이다. 종교심은 항상 거기서 출발한다.

다) 다가오는 미래는 획기적인 다원성의 사회이기 때문에 단순한 도덕적 종교나 기복적 종교, 교리적 종교는 위축될 것이고 다원화된 사회에 걸맞는 세계관과 가치관을 제공하며 개인의 정체성을 확립해주는 다양한 기능을 갖춘 영성 종교가 부흥하게 될 것이다.

보통 영성Spirituality이라고 하면 개인의 종교적 성향을 가리키는 말로 간주되곤 하는데 기독교의 영성은 결코 개인적인 것이 될 수가 없다. 기독교의 영성은 예수 그리스도를 삶의 중심으로 살아가려는 노력을 의미한다. 기독교인들에게는 인간이 추구해야 할 최고의 덕과 가치가 예수 그리스도를 통해 드러났다고 여겨지기 때문이다. 영성이란 용어는 시대에 따라 다소 상이한 의미로 쓰이곤 했지만 근래에 들어와서 보다 분명하게 인간의 총체적 삶의 모습을 가리키게 되었다. 곧 영성의 영역이 어떤 개인의 은밀한 내면세계를 지칭하는 것이 아니라 하나님과 인간, 자연과 우주를 포괄하려는 노력을 의미

한다는 것이다. 그런 의미에서 영성이란 기독교인이 추구해야 할 성화라는 의미와 같은 맥락에서 이해되어야 한다고 간주되기도 한다. 성화란 곧 개인의 내면에서 일어나는 성격적 심리적 안정감이나 세속 사회로부터 거리두기가 아니라 하나님과 모든 피조물 사이에서의 성취해야 할 온전함을 의미하기 때문이다.

기독교 영성에는 신비주의적이고 개인적인 영성이 있고 실천적이고 공동체적인 영성이 있다. 모두 기독교 영성에서 중요한 것이긴 하지만 기독교가 역사적 종교임을 생각한다면 그 본류는 후자에 속한다고 할 것이다. 기독교는 사변적이고 개인적인 종교가 아니라 하나님과 인격적인 관계를 맺고 삶을 책임질 존재로 살아가려는 노력 가운데서 그 궤적이 분명히 생겨나게 된다. 곧 기독교인의 정체성은 공적인 존재로서 자신의 삶의 의미를 깨닫는 데 있으며 그러한 정체성은 문명의 발달 정도나 다양성, 그리고 인간의 수명 정도에 따라 변화될 수 없다.

이러한 영성을 다시 세부적으로 살펴본다면 정체성(소속감), 세계관, 가치관과 같은 요소를 찾아볼 수 있다. 예수께서는 이러한 기독교인의 영성을 한마디로 요약하여 "하나님 사랑과 이웃 사랑"이라고 말씀하셨다. 영성을 감성적 심리적 차원에서 접근하게 되면 개인주의적이고 소비지향적이 되어 역사와 현실에서 계속되는 악과 소외의 악순환을 끊을 수가 없다. 다가오는 세계가 복잡하고 혼돈스러울수록 앞에서 열거한 기독교의 핵심적 영성이 더욱 긴요하게 될 것이다. 이러한 영성을 형성하기 위해서 첫째는 하나님의 백성이라는 소속감과 정체성을 형성시키는 예배와 성례전에의 참여, 둘째는 훈련과 교육적 차원에서의 개인의 경건을 확립해주는 기도와 묵상 및 성서읽기, 셋째는 실제적 실천으로서의 선교와 선행이 필수적이다.

기독교 영성이란, 다시 말해서 세상과 거리를 두는 개인적 경건이나 안온한 심리적 상태를 의미하지 않는다. 그리스도에게서 나타난 하나님의 주권에 대한 긍정, 그리고 죄인을 찾아오시고 한없이 사랑해주신 인간에 대한 긍정, 육체로 오셔서 죄인들과 교제하시고 고난 받으시고 육체로 부활하신, 성육신적 삶을 통해 나타난 육체적 삶에 대한 긍정을 본받아 실천하는 것이다. 긍정을 다시 표현한다면 다름 아닌 사랑이다.

사실 신앙생활은 다소 세상과 거리 두는 것을 필요로 한다. 그것은 세상이 혼돈스러우며 타락하고 무분별할 때가 많기 때문이다. 신앙인은 현실을 신중하고 조심스럽게 살아가야만 하며 자칫 오류와 죄에 빠질 것을 두려워해야만 한다. 그러나 신앙의 궁극적인 목적은 세상을 등지는 것이 아니라 세상과의 긍정적 관계를 만들어가는 것이다. 만일 하루가 다를 정도로 변화무쌍하며 다양성이라는 상품이 날개 돋친 듯 팔리는 미래사회에서 기독교가 생존을 위해 세속사회의 현실에서 퇴거하는 것을 전략으로 삼는다면, 기독교 신앙은 살아남지 못할 것이며 아무런 힘도 쓰지 못할 것이다. 예수 그리스도에게 온전히 발현된 기독교 영성은 세상에 대한 정죄가 아니라 구원이며 사랑이다. 그리고 다시 그분의 삶은 겸손, 긍휼, 화해, 절제, 용서, 치유로 점철되었다. 이것이 그리스도인들이 세상에서 보여주어야 할 영성의 모습이다. 이러한 영성은 장래 사회의 모습이 어떻게 변모할지라도 모든 사람에게 갈급한 덕목이 될 것이며 기독교는 이러한 영성을 신자들의 심령에 새겨 넣어야 한다. 세상의 세력에 비해 절대적으로 열세였던 초대교회의 전도가 가능했던 것은 전도 책자나 전도 기술의 보급이 아니라 그들만의 충만한 영성이 있었기 때문이었음은 주지의 사실이다.

청년 전도에 있어서도 그들의 삶을 이해하고 긍정적인 것을 발견하며 함께 나누며 그들을 지도하지 못한다면 청년들은 실망하여 교회를 등지게 될 것이고 기독교는 이내 노인들의 종교로 퇴락하게 되고 말 것이다. 세상이 비록 타락했고 위험스럽지만 그 가운데도 긍정적인 것들을 발견한다는 것은 무신론과 죄인들이 활개 치는 세상을 포기하지 않으시고 사랑하사 독생자로 오신 주님을 뒤쫓는 일이 될 것이며 세상의 주인은 하나님임을 선포하는 일이 될 것이다.

교회는 부정과 정죄가 아니라 세상과 맺어야 할 긍정적 관계에 대해 가르쳐야 하며 그러기 위해 청년들이 예배와 성례전, 기도와 묵상, 성경읽기, 선교와 선행에 열심을 낼 수 있도록 독려하고 지도하는 사명을 잘 수행해야만 한다. 청년들을 가르침의 대상으로만 간주하는 것이 아니라 교회 공동체의 일원으로 받아들이고 얼마만큼 그들과 함께 즐거워하고 고민하며 그들의 사명을 이해하고 그들과 함께 새로운 시대를 열어갈 수 있느냐가 중요한 과제이다. 곧 다가오는 세대—무신론적 환경, 인공지능 로봇으로 표상되는 테크노피아, 불안한 자율성, 극도의 편의성과 소비주의, 가족 해체, 무관심으로 특징지어지는 시대—에도 사랑의 하나님이 우리를 버리지 않으신다는 것과 앞서 언급한 바, 그리스도에게 나타난 겸손, 긍휼, 화해, 절제, 용서, 치유를 다양한 환경 속에서 어떻게 성공적으로 변주할 수 있느냐가 기독교 존립과 전도의 관건이 될 것이며 영성전도의 핵심이 될 것이다.

3. 청년 전도의 새 희망

군선교에 새로운 바람이 불려면 군선교의 주체임을 자부하는 두 기관 곧, 군목단과 군선교연합회가 혁신되어야 한다. 사실 군선교의 장은 11개의 파송교단이 협력하는, 한국교회에서 대표적인 연합의 정신이 기초해야 할 곳이다. 그러나 실상은 어떠한가? 여러 교단이 군선교연합회에 명목상의 이사를 한명씩 파송했다고 해서 과연 연합이 되었다고 말할 수 있는가? 연합회 구조의 범교단성과 재정의 투명성, 인력의 전문성, 연합회 운영의 민주화와 하나님의 선교에 기초한 21세기 청년장병 선교신학의 정립 등이 이루어지지 않고서는 연합이라는 말을 사용하는 것 자체가 부끄러운 일이다. 또한 숫자가 우상이 되면서 어느 교단에서 더 많은 군목을 배출했으며 군인 전도에 더 많은 기여를 했느냐는 등의 일이 주요한 관심사가 되고 있는 것도 우려스럽다.

군선교는 각 교단의 재정이나 조직적 능력을 자랑하는 각축장이 아니라 각자가 가지고 있는 은사와 능력을 전체 교회를 위해 섬기려는 협력의 장이 되어야 함이 당연하다. 군선교연합회는 이러한 취지를 담을 수 있는 그릇이 되어야 한다. 그러나 현재의 구조로는 비효율과 아마추어리즘(Amateurism)으로 인한 낭비를 피할 수가 없다. 군선교연합회는 많은 개혁의 과제를 안고 있지만 이를 받아들이지 않고 있다. 연합회는 범교단적인 모습으로 탈바꿈하여야 하고 이 시점에서 비전 2020실천운동을 결산하고 21세기에 합당한 군선교신학과 전략을 새롭게 수립하여야 하며 각 파트에 전문 정책가들을 포진시켜 명실공히 군선교 전문기관으로 거듭나야 한다. 선교기관이 기득권을 유지하기 위해 세력화를 꾀하거나 불합리한 인사와 재정적 불투명성 등으로 교회에 부담이 되고 사회문제화 되는 일은 우리 주변에서 늘 일어나는 일이다. 우리는 인간의 본성을 잘 알고 있으며 경험적으로 하나님을 신앙하는 일 외에는 어떠한 사람이나 조직도 믿어서는 안 되며 거기에는 나 자신도 포함된다는 사실을 알아야 한다. 그러기에 모든 것은 민주적인 장치에 의해 통제되어야 하는 것이다. 오늘날 교회가 겪는 어려움은 목회자나 개교회가 '하나님이 아닌 자신을 믿어달라'는 억지를 부리는 데서 비롯된 것임을 우리는 잘 알고 있다.

또한 군목단은 결코 군선교의 하부조직이 아니라 선교 현장에서 장애뿐만 아니라 비신앙적인 요소들을 해결해나가야 할 선교의 주역이다. 24시간 군선교의 장에서 직접 발로 뛰어다니며 장병들을 만나고 그들의 애환에 귀를 기울이고 선교의 어려움들을 겪으면서

고뇌하며 기도하는 사람이 군목들 외에 그 누가 있겠는가? 그러므로 하나님의 선교를 현장에서 실험하면서 나타나는 문제 등을 치열한 신학적 사고로 수렴하면서 책임감을 가지고 군선교를 주도해나가야 한다. 그리고 군목으로 생활하면서 필연적으로 겪을 수밖에 없는 진급이나 보직 등으로 인한 아픔 등을 함께 나누며 성장의 기회를 최대한 나누는 동역자 정신을 함양해 나가야 한다.

앞으로 시급히 해결해나가야 할 과제들을 살펴본다면, 우선 새로운 교육 커리큘럼에 의한 양육 교재를 만들어내는 일이 될 것이다. 거기에는 필자가 제안한바 기독교 역사관, 세계관의 내용이 포함시키는 것이 바람직하다. 또한 세례식에서부터 비교적 군생활의 초기부터 공동양육에 민간교회를 참여시키고 소그룹과 멘토링을 활성화시키는 일이 필수적인 과제가 될 것이다. 마지막으로 패러다임을 신속히 전환하여 군인교회가 예배, 친교, 교회 디자인, 공간배치 등에 웰컴 구조를 실현하여야 하며 장병신자의 의식을 일깨우고 '온전한 회심'에 초점을 맞추어 자신과 하나님, 이웃과 역사와의 새로운 관계 맺기와 소속시키기에 심혈을 기울인다면 장병전도는 새로운 전기를 맞이하게 될 것이다.

전도는 한 사람의 영혼을 전인적으로 돌보는 일을 시작하는 것이며 기나긴 여정을 함께하는 것이기에 인내심과 성령의 인도하심에 겸손히 따르는 자세가 무엇보다 중요하다. '하나님의 선교' 신학의 본질에 충실하게 따르다보면 성령의 선물인 '뜻밖의 회심'과 새로운 부흥의 시대를 맞이하게 될 줄로 믿는다.

인류의 역사는 전쟁의 역사이다. "평화를 바란다면 전쟁을 준비하라"는 말이 있을 정도로 인간의 본성은 끊임없이 전쟁을 불러온다. 적 앞에 나서는 장병에게는 두려움 없는 용기가 필요하다. 그러나 진정한 용기란 자신과 이웃과 하나님과 화해한 자에게서만 나온다. 특수한 환경 속에서 이루어지는 장병전도는 단지 교회 성장을 위한 것이 아니라 복음의 진리를 실험하고 드러낼 수 있는 최적의 장소인 것이다.

마치면서

최근 그리스가 디폴트Default 위기에 빠졌다. 이미 우리는 국가 부도를 경험해봤던 터라 사태의 추이를 더 관심 깊게 지켜보게 된 것 같다. 개인이나 회사가 부도났을 때 집과 차를 팔고 돈이 될 만한 것은 채권자에게 다 빼앗기고 길거리에 나가 앉아야 하는 등, 겪게 되는 좌절과 고통, 수치는 국가 부도에도 고스란히 나타났다. 그리스의 디폴트 사태에 대한 여러 가지 분석이 있었지만, 대략적으로 정부의 무능과 포퓰리즘 정책, 빌려온 돈으로 베푼 과도한 복지, 부유층들의 탈세 등으로 집약되는 것 같다. 물론 그리스인들이 일부 언론보도에 나온 것처럼 결코 게으르지 않으며 복지도 지나치지 않았다는 반론도 나오지만 어쨌든 국가 부도라는 것은 결국 모든 국민의 책임이라는 것에 동의하지 않을 사람은 없는 것 같다.

비유하자면 한국교회도 그리스의 디폴트 위기와 비슷한 형국을 맞고 있다고 보아야 한다. 중산층의 몰락은 중형교회의 쇠퇴 현상으로, 하층민의 절대 빈곤은 미자립 교회의 증가, 신용등급의 하락은 교회전체에 대한 불신이 팽배하고 있는 것과 비교할 수 있으며 그동안 한국사회가 보내준 성원과 신뢰로 과도한 복지 혜택을 누린 것 등이 그것이다. 디폴트의 원인이야 어떻든 일반적으로 국가부도를 극복하는 방법을 찾아야 하는데 거의 대부분의 전문가가 동의

하는 바는 긴축정책Retrenchment Policy이라고 한다. 곧 과도하게 부풀려졌던 구조와 인력, 사업을 조정하면서 재정의 건전화를 꾀하고 양적인 사업을 줄이고 공공기관, 금융기관, 노동시장, 기업, 교육단체 등 사회의 모든 분야의 경쟁력과 질을 높이는 것이다. 이미 우리나라의 대학도 그런 단계에 들어갔다. 취학 인구가 현저히 줄어듦으로 고등학교 졸업자보다 대학 정원이 훨씬 초과하게 되면서 학생 수를 채울 수 없게 되고 재정의 불건전성이 심화되어 자연스럽게 구조조정을 할 수밖에 없는 국면에 들어서 있는 것이다.

이런 견지에서 볼 때 한국교회의 선교가 앞으로 다시 활력을 찾으려면 전도만을 열심히 해야 하는 것이 아니라 더욱더 전도의 여건을 개선하는 데 힘써야 한다고 본다. 신학적 사고력을 키워 현실을 적확하게 판단함과 동시에 교회 공동체에 나타난 질병을 치료하고 건강한 기독교 가치관을 정립하며 섬김의 실천을 지속하면서 전도의 기초 체력을 기르는 것이다. 최윤식은 성장의 한계라는 늪에 빠진 한국교회가 새로운 부흥의 파도를 타기 위해서는 "영성의 수준을 높이고 목회자의 자질을 높여 복음의 가치를 회복해야 한다. 교회건축과 같은 하드웨어에 몰입하지 말고 사람과 소프트웨어에 집중함으로 성장의 한계를 돌파하는 새로운 길을 열어야 한다"고 말한다. 필자는 이 같은 견해에 찬동하면서 당장 한국교회가 힘을 쏟아야 할 과제들을 다음과 같이 정리해보았다.

- 신학교의 구조 조정
- 목회자 수의 감축 및 질적 향상
- 작은 교회 살리기 운동
- 교회 연합의 가속화
- 교회의 성장이 아닌 사회 신뢰도 회복에 우선을 둔 정책
- 컨트롤 타워의 가동 (이단대처, 교회연합, 범교단적 헌법 제정 및 운영, 신학대학간 학점교환제 실시, 신자들에 대한 공적 서비스로서 목회자 신상과 교회 신상 제공 등)
- 선교기관의 건전화
- 21세기 선교신학의 정립
- 인간의 삶뿐만 아니라 생태계와 우주를 선교의 영역으로 확장
- 청소년 전도에 대한 비전과 전략

이상 언급한 것들은 모두가 시급한 과제로서 한국 교회를 갱신하기 위해 필수적인 것이라 생각한다. 그러나 청소년이 빠져나간 교회를 생각해보라. 모든 항목들은 교회 살리기에 있어서 중요하고 서로가 관계를 가지고 있지만 더 이상 청소년이 출석하지 않는 교회는 다른 9가지를 다 달성한다고 해도 더 이상 존재가 불가능할 것이다. 학원선교가 깊은 침체에 빠져있고 어디에서도 교회가 젊은이들에게 환영받지 못하는 무신론의 시대가 우리가 살고 있는 현재이다. 그러기에 아직도 활짝 열려있는 장병 전도의 중요성이 여기 있는 것이며, 일반인 전도이든 장병 전도이든 간에 부흥의 시대가 보여준

전도의 모범을 끝까지 겨냥하면서 그 초점을 잃지 않고 모든 교회와 성도가 이기주의와 분파주의를 초월하여 서로 연합할 때 현재의 역경을 넘어서서 한국교회는 새로운 전기를 맞이하게 될 것이다.

신앙은 때로 한 국가와 국민의 장래를 뒤바꾸어놓기도 한다. 중미에 위치한 아이티는 한국전쟁 때 당시 2,000달러(현시세 90억원)의 구호품을 보낼 정도로 여유가 있는 나라였으나 훌륭한 지도자를 배출하지 못하고 샤머니즘적인 신앙을 믿는 문제를 극복하지 못하여 오늘은 가장 낙후된 국가 중 하나가 되었다. 우리 나라에서 정신적, 영적 영역이나 경제적 영역의 문제가 어떻게 생겨날지는 앞으로 우리의 행동에 달려있다. (아이티는 국민 대부분이 실질적으로 부두교 신자이며 사진은 축제 장면)

참고문헌

1. 국내서적

김석년. 『패스 브레이킹Path Breaking』, 서울: 생명의말씀사, 2002.

김선일. 『문화와 전도』, 풀러목회학박사과정 미간행강의안, 서울: 2007.

_____. 『전도의 유산』, 서울: SFC, 2014.

김영선. 『경건주의 이해』, 서울: 대한기독교서회, 2013.

김윤규. 『다원종교문화와 현대영성목회』, 오산: 한신대학교 출판부, 2010.

박근원. 『오늘의 설교론』, 서울: 대한기독교서회, 1980.

박영숙, 제롬 글렌. 『유엔미래보고서 2045』, 서울: 교보문고, 2015.

오성춘. 『영성과 목회』, 서울: 장로회신학대학교출판부, 1995.

유성준. 『세이비어교회』, 서울: 평단, 2007.

이덕주. 『새로 쓴 개종이야기』, 서울: 한국기독교역사연구소, 2003.

이정구. 『교회 건축의 이해』, 서울: 한국학술정보, 2012.

장남혁. 『교회 안의 샤머니즘』, 서울: 집문당, 2007.

정인교. 『설교학 총론』, 서울: 대한기독교서회, 2005.

지형은. 『갱신. 시대의 요청』, 서울: 한들, 2003.

최승근. 『예배, 서울: 두란노, 2015.

최윤식. 『한국교회 미래지도』, 서울: 생명의말씀사, 2013.

한국기독교역사연구소. 『한국기독교의 역사』 I, II, 서울: 기독교문사, 1997.

육군본부 군종감실. 『군종 50년사』, 육군인쇄창. 2003.

한국갤럽조사연구소. 한국인의 종교 2015년판(The Religion of Koreans 1984-2014).

한국기독교장로회총회. 『희년예배서』, 서울: 한국기독교장로회출판사, 2006.

2. 외국서적

Bainton, Roland. H. 『에라스무스Erasmus of Christendom』, 박종숙 역. 서울: 현대지성사, 1998.

Botton, Alain De. 『무신론자를 위한 종교Religion for Atheists』, 박중서 역. 서울: 청미래, 2011.

Browning, Dave. 『작은 교회가 답이다Deliberate Simplicity』, 구미정 역. 서울: 옥당. 2014.

Butterfield, C. Rosaria. 『뜻밖의 회심The Secret Thoughts of an Unlikely Convert』, 오세원 역. 서울: 아바서원, 2014.

Clapp, Rodney. 『사람을 위한 영성Tortured Wonders』, 홍병룡 역. 서울: IVP, 2006.

Cox, Harvey. 『영성, 음악, 여성Fire from Heaven』, 유지황 역. 서울: 도서출판 동연, 1996.

Crouch, Andy. 『컬처 메이킹Culture Making』, 박지은 역. 서울: IVP. 2009.

Donahue, Bill. 『삶을 변화시키는 소그룹 인도법Leading Life-Changing Small Group』, 김주성 역. 서울: 국제제자훈련원, 2012.

Frost, Michael. 『일상, 하나님의 신비Eyes Wide Open: Seeing God in the Ordinary』, 홍병룡 역. 서울: IVP, 2012.

Icenogle, Gareth W. 『소그룹 사역을 위한 성경적 기초Biblical Foundations for Small Group Ministry』, 김선일 역. 서울: SFC, 2007.

Kinlaw Dennis F. 『성령 안에서 설교하라Preaching in the Spirit』, 홍성철 역. 서울: 세복, 1996.

Kreider, Alan. 『회심의 변질The Change of conversion and The Origin of Christendom』, 전남식 외 역. 대전: 대장간, 2013.

Ladd, George. E. 『하나님 나라의 복음The Gospel of the Kingdom』, 박미가 역. 서울: 서로사랑, 2009.

Nouwen, Henri. 『아담Adam』, 김명희 역. 서울: IVP. 2013.

Richardson, Rick. 『스타벅스 세대를 위한 전도Reimagining Evangelism』, 노종문 역, 서울: IVP, 2013.

Saucy, Robert L. 『하나님이 계획하신 교회The Church in God's Program』. 김기찬 역. 서울: 생명의말씀사, 1994.

Schaeffer, Francis A. 『예술과 기독교Art & the Bible』, 김진석 역. 서울: IVP, 2014.

Smith, Gordon T. 『온전한 회심Beginning Well』, 임종원 역. 서울: CUP, 2010.

Tournier, Paul. 『모험으로 사는 인생L' Aventure de la Vie』, 정동섭 외 역. 서울: IVP, 2005.

Tidball, Derek. *Ministry by the Book*. IVP, 2008.

3. 논문

김선일. '회심의 렌즈로 전도의 대안을 찾다', 「목회와 신학」, 2013년 10월호.

김승욱. '기독교가 한국 경제성장에 미친 영향', 「신앙과 학문」, 제15권 3호, 2010년 9월호.

김재성. '교회의 본질과 거룩성', 「목회와 신학」, 2103년 10월호.
유경상. '기독교 세계관에 기초한 포스트모던 인간관 연구', 「신앙과 학문」, 제5권 4호, 2010년 9월호.
유부웅. '식사를 통해서 이루어지는 관계', 「신학연구」, 2004년 41호.
이규현. '정체성과 네트워크기반 교회경영: 복음의 사회 확산 단계', 「신앙과 학문, 제15권 4호, 2010. 12.
이종윤. '비전 2020실천운동의 역사적, 비평적 연구', 「군선교신학」, 2013년 11호.
정성구. '초기 전군 신자화 운동의 비화', 「군선교신학」, 2011년 9호.
정재영. '한국교회여, 다시 아래로 유턴하라', 「Christianity Today」, 2012년 7월호.
정재원. '비전 2020실천운동의 중간평가 및 제안', 「군선교신학」, 2013년 11호.
홍주민. '종교개혁과 디아코니아', 「신학연구」, 2004년 46호.

현대 선교신학에서 본
청년과 장병전도

1판 1쇄 발행 2015년 11월 2일

지은이 이호열
펴낸이 김재선

펴낸곳 예　솔
출판등록 제 2-1525호(1993.4.3)
주소 서울시 마포구 대흥로 54 TAF빌딩 302호
전화 02)3142-1663(판매부), 335-1662(편집부)
팩스 02)335-1643
홈페이지 www.yesolpress.com
ISBN 978-89-5916-598-8 03230

이 책은 저작권법에 따라 보호받는 저작물이므로 무단 전재와 무단 복제를 금합니다.
책값은 뒤표지에 표시되어 있습니다.